Texte zur Gruppendynamik

Joseph Luft

Einführung in die Gruppendynamik

Ernst Klett Verlag Stuttgart

Aus dem Amerikanischen übersetzt von
Gudrun Theusner-Stampa
Die Originalausgabe erschien unter dem Titel
»Group Processes. An Introduction to Group Dynamics«
bei The National Press, Palo Alto, California

Satz und Druck Ernst Klett, Stuttgart
Printed in Germany 1971
ISBN 3-12-905420-0

„Was war an Galileos astronomischen Entdeckungen so schockierend? Die Tatsache, daß am Himmel so viel geschah und daß die astronomische Ordnung soviel weniger festgelegt war, als man vorher zum Glück hatte glauben können.“ W. Köhler (1929)

Vorwort

Das Gebiet der Gruppendynamik, der Gruppenprozesse, ist ein grob definierter Bereich der Sozialwissenschaften. Es überschneidet sich mit anderen Disziplinen wie z. B. Sozialpsychologie, Soziologie, Psychiatrie, Industriepsychologie, Sozialarbeit und klinischer Psychologie. Beiträge zur Gruppendynamik kommen aus den Bereichen der Praxis und der Theorie, von praktischen Problemen des Alltagslebens bis hin zu hochspeziellen theoretischen Fragestellungen, von den intuitiven Einfällen von Forschern und Psychoanalytikern bis hin zu den praktischen Erfahrungen von Industriemanagern, von der Arbeit mit Familien bis hin zur Konzeption mathematischer Kommunikationsmodelle, von der Beobachtung spielender Kinder bis hin zu Berichten von Nationalversammlungen.

Der Stoff der Gruppendynamik ist nirgends klar gegliedert. Er wächst und treibt ständig in allen Richtungen weiter. Ein Großteil des Wissens auf diesem Gebiet ist vorläufiger Natur, und viele der Theorien sind uneinheitlich und unzulänglich. Ja, das Gebiet selbst ist so umstritten, daß manch ein berufener Forscher sich hütet, sich mit dieser Bezeichnung in Verbindung bringen zu lassen, weil er fürchtet, sein Ruf als Gelehrter könne in Frage gestellt werden. Aber wir erfahren aus der Wissenschaftsgeschichte, daß es ähnliche Befürchtungen und Probleme in der Astronomie, in der Physik, in der Medizin, der Psychoanalyse und vielen anderen Disziplinen gegeben hat, die heute festen Fuß gefaßt haben. Die Wissenschaftstheoretiker lehren, Wissen beginne mit Problemen. Wenn dem so ist, dann ist das Studium von Menschen in Gruppen mit direktem Kontakt (face-to-face groups) hervorragend geeignet als ein Feld für wissenschaftliche Erforschung. Vielleicht war es zu allen Zeiten ein Hauptanliegen denkender Menschen. Aber heute ist das Bedürfnis, etwas über das Verhalten des Menschen in der Gruppe zu erfahren, größer und dringlicher als zu irgendeiner anderen Zeit seit dem Beginn menschlicher Gesellschaften.

Inhalt

1. Kapitel

Gruppenprozesse

Was ist Gruppendynamik?
Warum benützt man beim Lehren der Gruppendynamik die Laboratoriumsmethode?
Welches sind die Grundprobleme der Gruppendynamik?

Diese drei Fragen werden uns in dieser Skizze der Gruppendynamik als Leitlinien dienen. Jeder Versuch, die auf einem so rasch wachsenden Wissenschaftsgebiet geleistete Arbeit zusammenzufassen, muß notwendigerweise selektiv sein und wird den Standpunkt und die vorgefaßten Meinungen des Autors widerspiegeln. Außerdem werden wir in dieser kleinen Schrift unser Augenmerk nicht auf die industriellen, erzieherischen oder experimentellen Aspekte der Gruppendynamik lenken, sondern darauf, wie man sie lernt und lehrt.

Der Begriff „Gruppendynamik" bezieht sich gewöhnlich auf die Untersuchung von Individuen, die in kleinen Gruppen interagieren. Das Wort „Dynamik" weist auf komplexe und interdependente Kräfte hin, die in einem gemeinsamen Bereich oder Milieu vorhanden sind. Leider ist heute gerade keine präzise Definition des Wortes „Dynamik" in Mode, so daß wir über die hier gegebene kurze Definition hinaus jede Sonderbedeutung des Begriffes dadurch bestimmen müssen, daß wir untersuchen, in welchem besonderen Sinn er gerade gebraucht wird. Da der Terminus so vage ist, empfiehlt es sich wahrscheinlich, ihn nur dann zu gebrauchen, wenn man ganz allgemein den Gesamtbereich bezeichnen will. Tatsächlich ist der Ausdruck in gewissem Maß verdächtig, weil er manchmal verwendet wird, um ziemlich unklare oder mystische Dinge zu beschreiben. Es sind Ersatzbezeichnungen aufgetaucht, z. B. spricht man von Gruppenprozessen, Gruppenpsychologie und „Human Relations", aber keine dieser Bezeichnungen scheint ganz zufriedenstellend zu sein.

In der zeitgenössischen Psychologie hängt die Gruppendynamik am engsten mit der Feldtheorie zusammen. Kurt Lewin, der die Feldtheorie strukturiert und entwickelt hat*, gilt allgemein als Begründer der Gruppendynamik. Seine Arbeit in der Mitte der dreißiger Jahre an der Universität von Iowa und später am Massachusetts Institute of Technology verschaffte der Gruppendynamik einen festen Platz in der akademischen Welt und erschloß für Psychologen, Soziologen, Pädagogen und andere Sozialwissenschaftler aufregende neue Probleme und Methoden. Artikel und Bücher Kurt Lewins, wie: „Frontiers in Group Dynamics" (32), „Group Decision and Social Change" (30), „Dynamic Theory of Personality" und „Die Lösung sozialer Konflikte" (30) bahnten den Weg für die nach dem Krieg einsetzende Flut von Untersuchungen und Veröffentlichungen.

Ein Jahrzehnt später stellte Crutchfield (18) in einem Überblick über die Forschung im Bereich der Sozialpsychologie und der Gruppenprozesse fest: „Von allen Gebieten zeigt vielleicht der Grenzbereich der Gruppendynamik den größten Aufschwung; er beweist überzeugend, wie man entscheidende psychologische Variable in einem echten Gruppenmilieu experimentell handhaben kann".

Ein wichtiges Resultat Lewins und seiner Mitarbeiter hat direkten Bezug zur zweiten Frage, die wir an den Anfang unserer Schrift gestellt haben: Warum benützt man beim Lehren der Gruppendynamik die Laboratoriumsmethode? Lewin berichtete über Experimente, die darauf abzielten, Menschen solche Dinge zu lehren wie eine veränderte Ernährungsweise oder eine erhöhte Arbeitsproduktivität im Kriege. Er stellte fest, daß bestimmte Methoden der Gruppendiskussion und Gruppenentscheidung zur Veränderung von Vorstellungen und sozialen Verhaltensweisen besser geeignet waren als Vorträge und individuelle Unterweisung. Schließlich wurden diese Gruppenmethoden auch auf das Erlernen

* Die Feldtheorie, wie Lewin sie definiert, ist keine Theorie im üblichen Sinn, sondern „eine Methode, um Kausalbeziehungen zu analysieren und wissenschaftliche Konstrukte aufzubauen". Sie hängt eng zusammen mit der Gestalttheorie, besonders in bezug auf die Interdependenz von Beziehungen zwischen Teilen und dem Ganzen in Verhalten und Erfahrung. Einige grundlegende feldtheoretische Konstrukte sind: (a) Lebensraum — alle Fakten, die für das Individuum oder die Gruppe zu einem bestimmten Zeitpunkt existieren; (b) Spannung, Energie, Bedürfnis, Valenz und Vektor sind dynamische Begriffe, die für die Verhaltensanalyse wesentlich sind; (c) Prozesse wie Wahrnehmung, Denken, Fühlen, Handeln und Erinnern sind die Mittel, durch die Spannungen in einem System ausgeglichen werden; (d) Lernen beinhaltet eine Vielfalt von Prozessen, die *Veränderungen* mit sich bringen, wie z. B. eine Veränderung der kognitiven Struktur (neues Wissen), Veränderung der Motivation (Erlernen neuer Vorlieben und Abneigungen) oder eine Veränderung der Gruppenzugehörigkeit, wie sie beim Hineinwachsen in eine Kultur auftritt (32).

der Gruppendynamik als Wissensgebiet und als praktische Methode angewandt. Wenn man Menschen über Nahrungsmittel informiert, führt das nicht dazu, daß sie plötzlich andere Nahrungsmittel bevorzugen als vorher, denn durch die bloße Darstellung von Tatsachen werden persönliche Einstellungen nicht beeinflußt. In gleicher Weise wird anscheinend sehr wenig gelernt, wenn man Menschen nur etwas vom interpersonalen Verhalten in Gruppen *erzählt*, weil ihre persönlichen Einstellungen und ihr Verhalten unberührt bleiben. Wenn man ihnen Gelegenheit gibt, in einer Laboratoriumsgruppe zu arbeiten, entsteht jedoch bei den meisten Leuten genug persönliche Beteiligung, so daß sie die Prozesse empfinden und beobachten können, während sie lernen, sie begrifflich zu erfassen. Auf diese Weise lernen die Teilnehmer etwas über ihr eigenes Verhalten in Gruppen und gewinnen zugleich Einsicht in die allgemeine Gruppendynamik. Wer Gruppenprozesse lehrt, stellt immer wieder fest, daß die Studenten gewöhnlich sehr wenig von der einschlägigen Lektüre haben, wenn sie die im Lehrbuch niedergelegten Gedanken nicht mit ihrem unmittelbaren eigenen Erleben in Beziehung setzen können. Im Verlauf des Kurses berichten die Studenten dann spontan, daß die Lektüre plötzlich viel bedeutungsvoller wird und sehr viel interessanter, als sie ihnen am Anfang erschien. Die verschiedenen gruppendynamischen Laboratorien scheinen diesen Eindruck zu bestätigen.

Lewins Feststellungen wurden durch eine Reihe von Forschern unterstützt, die in verschiedenartigen Milieus arbeiteten. Coch und French (14) z. B. untersuchten die Gründe für den Widerstand gegen die Veränderung der Methoden der Textilienherstellung in einer Fabrik in Virginia mit 600 Beschäftigten. Sie stellten fest: „Eine Veränderung kann herbeigeführt werden mit Hilfe von Gruppenversammlungen, bei denen die Firmenleitung die Notwendigkeit der Umstellung plausibel mitteilt und die Zuhörer dazu anregt, als Gruppe an der Planung der Veränderungen teilzunehmen." In einem anderen Fall verglichen die Forscher die Effektivität der Vortragsmethode und der Gruppenentscheidung bei der Veränderung des Verhaltens von 395 Arbeitern und 29 Vorgesetzten in einem großen Herstellungsbetrieb. Bei der Beschreibung ihrer Ergebnisse sagen die Untersucher: „Unsere Feststellungen bestätigen die Aussagen Lewins in vollem Umfang und beweisen die größere Effektivität der Gruppenentscheidung gegenüber der Methode des Trainings durch Vorträge" (29). Vorgesetzte, die sich der Methode der Gruppenentscheidung durch Diskussion bedienten, erfuhren dadurch, daß sie die Tendenz hatten, die Arbeit gelernter Arbeiter überzubewerten und die Leistungen angelernter Arbeiter unterzubewerten. Danach waren sie besser in der Lage, Beschäftigte mehr nach der tatsächlichen Leistung zu bewerten, anstatt sich nach ihrem Prestige oder Rang zu richten. Die Vorgesetzten erfuhren durch die Gruppendiskussion etwas über ihre Vorurteile und konnten etwas dagegen tun; als Folge der Vortragsmethode trat etwas Derartiges nicht ein.

Der größere Wert der Gruppendiskussion für das Studium der Psychologie im Vergleich zur Vortragsmethode ist in einer Reihe von Berichten demonstriert worden (41). Die Ergebnisse zeigen im allgemeinen, daß die Studenten bei beiden Methoden etwa gleichviel psychologischen Stoff lernen. Jedoch gewinnt, wie McKeachie (40) berichtet, die gruppenzentrierte Klasse mehr Einsicht in die Dynamik der Persönlichkeit als die nur auf Vorträge angewiesene Klasse. Die Mitglieder der gruppenzentrierten Gruppe können anscheinend das, was sie gelernt haben, besser auf neue Probleme anwenden. Man sollte nicht unerwähnt lassen, daß die Ergebnisse in bezug auf Lehrmethoden in der Psychologie keineswegs abschließende Beweiskraft haben; wichtige Variable sind z. B. die individuell verschiedenen Wertvorstellungen und das Geschick des Unterweisenden.

1947 wurde in Bethel (Maine) das National Training Laboratory (NTL) gegründet; es ist auf informelle, experimentelle Methoden zum Lehren von Gruppendynamik spezialisiert. Von Anfang an hat das NTL Spezialisten aus den Bereichen Psychologie, Soziologie, Pädagogik, Industrial Relations (menschliche Beziehungen im Industriebetrieb), Anthropologie, Psychiatrie und Philosophie zusammengeführt, damit sie die Probleme der Gruppendynamik und die zum Lehren dieses Gegenstandes verwendeten Methoden kritisch überprüfen konnten. Ein einzigartiger Aspekt des Studiums kleiner Gruppen ist der Umstand, daß es immer noch ein interdisziplinäres Wissensgebiet ist. Die Laboratoriumsmethode entwickelte sich weiterhin sowohl durch Versuch und Irrtum als auch durch gelenkte Experimente, so daß das NTL heute eine etablierte Ausbildungsinstitution ist und Dutzende von ähnlichen Laboratorien an Colleges und Universitäten im ganzen Land entstanden sind. Forschung und Selbstkritik der verschiedenen Mitarbeitergruppen gehen unablässig weiter, obwohl die Methode, Gruppendynamik im Laboratorium zu lehren, ihre Effektivität klar bewiesen hat.

Tatsächlich haben sich diese Methoden über die Grenzen der akademischen Welt hinaus in so verschiedenartige Bereiche ausgedehnt wie industrielles und pädagogisches Management, öffentliche Gesundheitspflege, Psychohygiene, Medizin, Gewerkschaftsorganisationen, öffentliche Personalverwaltungen und Geschäftsunternehmen. Natürlich sehen sich viele Nichtakademiker ständig gruppendynamischen Problemen gegenüber — ob sie dieses Gebiet nun kennen oder nicht. Ein Ingenieur möchte z. B. wissen, wie er die Leistungsfähigkeit seiner Mitarbeiter verbessern kann. Er weiß, daß er fähige Leute eingestellt hat, aber aus irgendeinem Grund scheinen sie nicht miteinander arbeiten zu können. Ein Schuldirektor kann nicht verstehen, warum sich seine Lehrer ständig untereinander befehden, obwohl ihre Gehälter und ihre Arbeitsbedingungen genau so sind wie die an anderen Schulen in der Nähe, die aber nicht die gleichen Schwierigkeiten haben. Leitende Angestellte machen sich Sorgen um die Ausbildung junger Manager und haben keine Ahnung, wie man Führungsqualitäten lehren kann.

Dies sind keineswegs ungewöhnliche Probleme, und immer mehr Menschen bedienen sich der Seminare des NTL und der von Universitäten im ganzen Land angebotenen Programme. Manche Colleges bieten diese Laboratorien in ihren Volkshochschulprogrammen an, andere stellen von Zeit zu Zeit ein Seminar zur Verfügung. In Europa ist das Tavistock Institute of Human Relations in England wahrscheinlich das wichtigste Zentrum, an dem Gruppenprozesse gelehrt werden.

Das in Michigan durchgeführte Programm hat Lippitt (36) folgendermaßen beschrieben: „Die Universität von Michigan versucht in ihrem Forschungszentrum für Gruppendynamik in ihrem allgemeinen Programm, kleine Gruppen experimentell zu studieren, sie strebt eine Integration mit der Arbeit auf verwandten Gebieten der Sozialwissenschaften an, und sie möchte die Ergebnisse auf sozial nützliche Tätigkeiten wie die Ausbildung von Vorgesetzten, Gruppentherapie usw. anwenden. Ihre Arbeit umfaßt das Studium von Gemeinden, Arbeitsgruppen in Fabriken, Diskussionsgruppen, Gruppen von Führungskräften beim Training und andere Face-to-Face-Gruppen."

Man braucht wohl kaum zu erwähnen, daß es wichtig ist zu untersuchen, wie Gruppen funktionieren. Es trifft jedoch zu, daß viele Leute dem Gedanken der Gruppendynamik überhaupt feindlich gegenüberstehen. Man hat Artikel und Bücher geschrieben, in denen dieses Gebiet kritisiert und die Forschungsergebnisse abgewertet werden. Manche Autoren lehnen Gruppenbemühungen jeder Art so stark ab, daß für sie allein schon die Anerkennung der Existenz von Gruppen gleichbedeutend ist mit der Befürwortung einer extensiveren Verwendung von Gruppen. Einige Kritiker meinen, die Spezialisten für Gruppendynamik überschätzten die Tragweite der auf ihrem Gebiet geleisteten Arbeit, oder sie kritisieren den Mangel an überwachter Forschung. Wieder andere sehen die ganze Bewegung als eine bloße Mode oder einen „Kult" an, der genau so wieder verschwinden wird wie die Phrenologie und die Lehre des Herrn Coué. Dann gibt es noch Menschen, die das Gebiet als eine Gefahr für die Gesellschaft betrachten, weil sie glauben, hier könne man lernen, andere zu manipulieren oder auszubeuten (6).

Aber Gruppen existieren nun einmal, in der Familie, in der Schule, im Geschäftsleben, im akademischen Bereich, in der Regierung und beim Militär. Für den Wissenschaftler ist jedes Phänomen der Natur oder der Gesellschaft ein geeigneter Forschungsgegenstand. Es kommt einem merkwürdig vor, wenn man das im 20. Jahrhundert noch betonen muß. Gruppen existieren, und es ist eine legitime wissenschaftliche Annahme, daß strenge Untersuchung Prinzipien zutage fördern wird, die die Ordnung von Gruppenprozessen bestimmen. Die wichtigere Frage in dieser Hinsicht lautet: Wird überhaupt eine wissenschaftliche Methode angewendet, so daß andere in der Lage sind, die Validität und Reliabilität der Ergebnisse zu kontrollieren? Die beiden drohenden Gefahren, Kultbildung und Anti-Intellektualismus, die der Gruppendynamik aus den eigenen Reihen und von außen her drohen, sind am besten durch offene Diskussion und dadurch zu vermeiden, daß man Ideen und Daten einander zugänglich macht, wie es der wissenschaftlichen Tradition entspricht.

Was den möglichen Mißbrauch des neuerworbenen Wissens angeht, kann man nur wenig tun, abgesehen von irgendeiner Art der Denk-Reglementierung (also Zensur), was wenige empfehlen würden. Seit der Erfindung des Rades hätte man jeden Fortschritt des Menschen potentiell auch gegen die Menschen und gegen die Gesellschaft verwenden können. Arbeit und Leben in Gruppen bieten so viele Probleme und Schwierigkeiten, daß die Vernachlässigung der Frage, wie Menschen in Gruppen leben und funktionieren, noch ernsthaftere Gefahren mit sich bringen würde als diejenigen, die sich aus dem möglichen Mißbrauch des Wissens auf diesem Gebiet ergeben könnten.

In seiner Erörterung der Forschung über Gruppen und Führungsverhalten weist Lewin (31) auf den Wert dieser Forschung, aber auch auf die Gefahren hin, die sie für den Verhaltenswissenschaftler haben kann: „Es wäre höchst bedauerlich, wenn der Zug zur theoretischen Psychologie dadurch geschwächt würde, daß es notwendig ist, beim Studium bestimmter Probleme der Sozialpsychologie mit natürlichen Gruppen umzugehen. Man sollte jedoch nicht die Augen vor der Tatsache verschließen, daß diese Entwicklung für die theoretische Psychologie sowohl große Möglichkeiten bietet als auch Bedrohungen bedeutet. Die stärkste Behinderung der angewandten Psychologie lag bisher in der Tatsache, daß sie, ohne angemessene Hilfe von der Theorie, die kostspielige, wenig leistungsfähige und nur begrenzt mögliche Methode von Versuch und Irrtum anwenden mußte. Viele Psychologen, die heute auf einem Teilgebiet der angewandten Psychologie arbeiten, sehen ganz klar die Notwendigkeit der engen Zusammenarbeit zwischen theoretischer und angewandter Psychologie. Dies läßt sich in der Psychologie verwirklichen, genauso, wie es in der Physik verwirklicht worden ist, wenn der Theoretiker Probleme der angewandten Wissenschaft nicht mit überheblicher Abneigung oder mit Angst vor sozialen Problemen betrachtet, und wenn der Praktiker erkennt, daß es nichts Praktischeres gibt als eine gute Theorie. Auf dem Gebiet der Gruppendynamik sind, mehr als in irgendeinem anderen Bereich der Psychologie, Theorie und Praxis in einer Art und Weise methodologisch verknüpft, die bei richtiger Ausnutzung Antworten auf theoretische Fragen liefern und zur gleichen Zeit die rationale Einstellung gegenüber unseren praktischen Sozialproblemen fördern könnte, die eine der Grundbedingungen für ihre Lösung ist" (33).

2. Kapitel

Elemente der Laboratoriumsmethoden zum Studium von Gruppenprozessen

Man beschränkt die konventionellen und formellen Methoden der Beschäftigung mit Gruppen auf ein Minimum. Es kommt zwar vor, daß Vorträge gehalten und Lehrbücher empfohlen werden, aber das sind nur Ergänzungen des Programms. Man stellt einen Stundenplan auf, so daß die Gruppenmitglieder wissen, wann und wo sie sich treffen sollen, aber es wird keine Anleitung benützt, aus der zu ersehen ist, welchen Stoff die Studenten zu erarbeiten haben. Jede Gruppe von Menschen, die Gruppendynamik studieren will, wird vor die Aufgabe gestellt, sich ihren eigenen Weg durch den Stoff zu suchen, wobei sie sich der Mittel bedient, die ihren eigenen Gruppenteilnehmern zur Verfügung stehen. Die Zusammenkünfte dauern gewöhnlich eineinhalb bis zwei Stunden.

Die äußerliche Anordnung im Unterrichtsraum gleicht nicht einer Schulklasse, sondern eher einem Seminar oder einer „Werkstatt" (workshop). Es gibt keinen „Leiter" der Klasse und keine festen Plätze. Dieses Arrangement wird empfohlen, um die freie Diskussion innerhalb der Gruppe zu erleichtern. Außerdem fördert es selbständige Initiativen der Mitglieder an Stelle des üblichen Sich-Verlassens auf den Lehrer, der in der Klasse den Vorsitz führt.

Manche Laboratorien empfehlen, man solle die Studiengruppe aus der üblichen Umgebung entfernen und den üblichen sozialen Druck von ihr nehmen. Der Gedanke einer „Kulturinsel" hat viele Vorteile. Die „Kulturinsel" befreit das Individuum aus seinem gewohnten Arbeitsmilieu und fördert dadurch die Möglichkeit, vertraute Probleme unter einem neuen Gesichtswinkel zu sehen. Man hat mehr Zeit, über diese Dinge nachzudenken und sie in angenehmer Umgebung mit anderen zu besprechen, die sich ebenso für sie interessieren. Eine derartige Veränderung des Milieus ist vorzuziehen, aber sie ist aus praktischen Gründen nicht immer möglich.

Die im Laboratorium neu gebildete Gruppe wird ermutigt, die üblichen Statussymbole hinter sich zu lassen. Man kleidet sich gewöhnlich recht zwanglos, Titel werden weggelassen, so daß der einzelne einfach als „Herr X." angeredet wird, anstatt als „Doktor" oder „Professor X.". Manchmal beschließen die Gruppenmitglieder, einander mit dem Vornamen anzureden, aber das ist natürlich eine Frage der individuellen Vorliebe.

Der Ausbilder hat zwar einige besondere Funktionen und besondere Verantwortung, aber er nimmt an den Tätigkeiten der Gruppe als Gruppenmitglied teil und ermutigt andere Mitglieder, so ungezwungen wie möglich und in jeder ihnen zu Gebote stehenden Art und Weise teilzunehmen. Der Ausbilder (Trainer, Lehrer) spielt eine passivere Rolle, als er es üblicherweise im Unterricht am College tut. Dafür gibt es viele wichtige Gründe. Da die Gruppe neu ist und niemals vorher zusammengearbeitet hat, vermeidet es der Ausbilder, ihr ein Arbeitsschema aufzuerlegen, das möglicherweise nicht den einzigartigen Merkmalen dieser besonderen Ansammlung von Personen entspringt. So stehen die Gruppenmitglieder auch sofort dem Problem gegenüber, ihre eigene Art des Vorgehens in der Gruppe zu finden. Auf diese Weise müssen sie sich wichtigen Fragen wie der Festsetzung von Nah- und Fernzielen, der Festlegung von Mitteln und Methoden zur Bearbeitung von Problemen, der Art ihres Kommunikationssystems und ihrer Entscheidungsprozesse und vielen weiteren Problemen stellen und sie irgendwie lösen. Die angestrengte Bemühung, mit diesen Fragen fertigzuwerden, ist die Grundlage dafür, daß die Gruppenmitglieder etwas über Gruppen- und Individualverhalten lernen.

Die Inhalte von Gruppendiskussionen und die dem Gruppenverhalten zugrundeliegenden Prozesse werden aufgezeigt und klargestellt. Das Wort „Prozeß“ bezieht sich auf eine Annahme über die Bedeutung des Verhaltens in der Gruppe. Verhalten kann verbal sein, wie z. B. in einer Diskussion, oder non-verbal, wie z. B. die Tatsache, daß jemand schweigt oder sich einem bestimmten Menschen zuwendet, wenn er zur Gruppe spricht. Es gibt eine unbegrenzte Vielzahl von Gruppenprozessen, von denen einige allgemein praktiziert und leicht verstanden werden. Es kann z. B. vorkommen, daß einige Gruppenmitglieder sich in Dinge einlassen, die die Gruppe von der vor ihr liegenden Arbeit wegführen, aber die Mehrzahl der Gruppenmitglieder macht diesen Umweg trotzdem mit. Erst später erkennen sie das wirklich dahintersteckende Bedürfnis, sich der ihnen gestellten Aufgabe zeitweilig zu entziehen. Derartige Umwege oder Versuche der Flucht vor der notwendigen Arbeit der Gruppe sind wichtige Prozesse; sie stellen wahrscheinlich eine der universellen Eigenschaften aller Gruppen dar. Lewin trifft eine ähnliche Unterscheidung und benützt die Ausdrücke „Phänotypus“ und „Genotypus“. Phänotypus bezieht sich auf das beobachtbare Verhalten, auf das, was gesagt oder getan wird. Ein Genotypus ist ein Gedanke oder ein Konstrukt über die zugrundeliegende Bedeutung einer Verhaltensweise.

Die Laboratoriumsmethode erfordert eine Atmosphäre des Gewährenlassens. Die Teilnehmer bemerken nach einiger Zeit, daß sie sich freier fühlen, zu fragen, herauszufordern, etwas in Frage zu stellen, einen Beitrag zu leisten, zuzuhören und zu explorieren. Die Mitglieder entdecken, daß sie mehr sie selbst sein können, daß sie sagen können, was sie wirklich denken, oder daß sie Einstellungen ausdrücken können, die sie normalerweise verbergen oder übersehen würden. Nach einem vorsichtigen Beginn und nachdem sie die „Temperatur der Atmosphäre" geprüft haben, wissen die Mitglieder es immer mehr zu schätzen, ihre Eindrücke mit denen anderer vergleichen zu können, zugeben zu können, daß sie etwas nicht verstehen, wenn dies tatsächlich der Fall ist, oder sich an neuen Verhaltensweisen zu beteiligen, die sie selbst sich bisher vielleicht nie erlaubt haben. Eine Atmosphäre, die frei ist von der üblichen psychologischen Bedrohung, führt am leichtesten dazu, daß man etwas über die eigene Rolle in einer Gruppe erfährt.

Einer der Gründe, warum man zu solchen informellen Diskussionsmethoden greift, um Menschen Gelegenheit zu geben, etwas über Gruppen zu lernen, ist der, daß der Lernende in seiner Erfahrung innerhalb der Gruppe entdeckt, wie eng und komplex die verschiedenen Prozesse des Gruppenlebens zusammenhängen. Man kann darüber reden oder lesen, wie Gruppen Entscheidungen treffen, aber es ist etwas ganz anderes, wenn der Lernende mit seinen Gruppengenossen zusammen ist und sich mit ihnen zu einer Entscheidung durchringt. Dabei kann er z. B. sehen, daß Entscheidungen der Gruppe sowohl von offenkundigen als auch von verborgenen Konflikten in der Gruppe, von Kommunikationsproblemen, vom Status, den Mitglieder in der Gruppe erworben haben, von sensiblen Vermittlern, von Informationslieferanten und von passiven Gefolgsleuten beeinflußt werden können.

Die Laboratoriumsmethode macht es möglich, bestimmte Phasen in der Entwicklung der Gruppe zu entdecken. Viele Gruppen stellen durch eigene Erfahrung fest, daß ein anfänglicher Gruppenfortschritt auf Kosten bestimmter Mitglieder zustande gekommen ist. Der Fortschritt mag wesentlich sein oder nicht, aber es dauert eine Weile, bis man herausbekommt, daß dem Mitglied, das übergangen worden ist oder dessen Bemühungen man unterdrückt hat, der gemachte Fortschritt mißfällt. Es zieht sich daher möglicherweise von der aktiven Teilnahme zurück, ohne es recht zu merken, oder übt zu einem anderen Zeitpunkt Vergeltung, wenn die Gruppe am wenigsten darauf gefaßt ist. Auf jeden Fall kann ein auf diese Weise gemachter übereilter Fortschritt zu einem Rückschlag führen, so daß die Gruppe, wenn es zu einer vorzeitigen Lösung kommt, viel mehr verliert als sie gewinnt. Wenn die Gruppenmitglieder so angstfrei sind, daß sie erklären können, was geschehen ist, wenn die Gruppe sich ebensosehr dafür interessiert, *wie* ein Fortschritt zustande kommt, wie für den Fortschritt selbst, dann bewegt sie sich schließlich in Richtung auf wirksamere Beschlüsse. Derartige Beschlüsse können dann sowohl Wissen und Können der Gruppenmitglieder als auch ihre Motive und Gefühle widerspiegeln. Daß diese früheren und späteren Phasen existieren, wird aus der Tatsache deutlich, daß voreilige Beschlüsse selten soviel Unterstützung bekommen, wie sie brauchen, während spätere, besser durchdachte Aktionen, gestählt durch Konflikte und ihre Lösung, bis zum Ende durchgeführt werden.

Schließlich zieht man die Laboratoriumsmethode vor, weil vielen Menschen ebensoviel daran liegt, ihre eigene Fähigkeit zur Arbeit in der Gruppe zu verbessern, wie daran, etwas über Gruppen zu lernen. Unter dem Gesichtspunkt, daß beide Ziele einander ergänzen, bietet das Laboratorium dem Gruppenmitglied viele Möglichkeiten, sein eigenes Verhalten und das anderer Menschen deutlicher wahrzunehmen. In einer Gruppe kann man am aktuellen Verhalten kontrollieren, was man über das Verhalten weiß. Jedes Mitglied wird darüber hinaus ermutigt, neue und bessere Methoden der Zusammenarbeit mit anderen zu suchen und zu finden. Als gleichzeitiger Teilnehmer und Beobachter kann jedes Gruppenmitglied selbst herausbekommen, ob seine kundgetanen Bewertungen anderer Menschen seinem Verhalten ihnen gegenüber entsprechen.

3. Kapitel

Das Johari-Fenster: Ein graphisches Schema der Wahrnehmung in interpersonalen Beziehungen

Wie der glückliche Tausendfüßler können viele Menschen großartig mit anderen zusammenarbeiten, ohne darüber nachzudenken, welchen Fuß sie als nächsten gebrauchen sollen. Aber wenn es Schwierigkeiten gibt, wenn die gewohnten Methoden nicht funktionieren, wenn wir mehr erfahren wollen — dann gibt es nichts anderes, als unser eigenes Verhalten gegenüber anderen zu prüfen. Dabei fällt es einem unter anderem oft schwer, die richtigen Methoden zu finden, um über solche Dinge nachzudenken, besonders, wenn man keine gründliche sozialwissenschaftliche Vorbildung hat.

Als Ingham und Luft (38) zum erstenmal das „Johari-Fenster“ vorgelegt hatten, mit dessen Hilfe man Beziehungen im Hinblick auf bewußte Wahrnehmung darstellen kann, waren sie überrascht, daß so viele Menschen, Wissenschaftler und Nicht-Fachleute gleichermaßen, dieses Modell benützten und mit ihm experimentierten. Es scheint sich für Spekulationen über zwischenmenschliche Beziehungen als heuristisches Werkzeug anzubieten. Es ist leicht, sich die vier Quadranten vorzustellen, aus denen das Johari-Fenster besteht:

	Dem Selbst bekannt	Dem Selbst nicht bekannt
Anderen bekannt	I Bereich der freien Aktivität	II Bereich des blinden Flecks
Anderen nicht bekannt	III Bereich des Vermeidens oder Verbergens	IV Bereich der unbekannten Aktivität

Abb. A.: Das Johari-Fenster

Quadrant I, der Bereich der freien Aktivität, sagt etwas aus über Verhaltensweisen und Motivationen, die einem selbst und anderen bekannt sind.

Quadrant II, der Bereich des blinden Flecks, bezeichnet das Gebiet, wo andere Dinge in uns sehen können, von denen wir selbst nichts wissen.

Quadrant III, der Bereich des Vermeidens oder Verbergens, stellt Dinge dar, die wir selbst wissen, aber anderen nicht offenbaren (z. B. ein geheimes Programm oder Dinge, in bezug auf die wir empfindlich sind).

Quadrant IV ist der Bereich der unbekannten Aktivität. Weder das Individuum noch andere Menschen bemerken bestimmte Verhaltensweisen oder Motive. Wir können jedoch annehmen, daß sie existieren, denn am Ende treten einige dieser Dinge zutage; dann wird erkannt, daß diese unbekannten Verhaltensweisen und Motive die ganze Zeit schon die Beziehungen beeinflußt haben.

In einer neuen Gruppe ist der Quadrant I sehr klein; es gibt nicht viel freie und spontane Interaktion. Je mehr die Gruppe wächst und reift, desto mehr vergrößert sich Quadrant I. Das bedeutet gewöhnlich, daß wir freier sind, uns so zu benehmen, wie wir sind, und andere so wahrzunehmen, wie sie wirklich sind. Je größer Quadrant I wird, desto mehr schrumpft der Bereich des Quadranten III zusammen. Wir empfinden es als weniger notwendig, Dinge, die wir wissen oder fühlen, zu verbergen oder zu leugnen. In einer Atmosphäre des wachsenden gegenseitigen Vertrauens besteht ein geringeres Bedürfnis, Gedanken oder Gefühle, die zur Situation gehören, zu verbergen. Quadrant II nimmt langsamer an Umfang ab, denn gewöhnlich gibt es „gute" psychische Gründe dafür, daß wir den Dingen gegenüber blind sind, die wir fühlen oder tun. Quadrant IV verändert sich während eines „Lernlaboratoriums" ein wenig, aber wir dürfen annehmen, daß derartige Veränderungen sogar noch langsamer vor sich gehen als im Quadranten II. Auf jeden Fall ist Quadrant IV zweifellos in den Beziehungen eines Individuums viel größer und einflußreicher, als es die hypothetische Skizze zeigt.

Das Johari-Fenster läßt sich auch auf *Beziehungen zwischen Gruppen* anwenden. Dann bedeutet der Quadrant I Verhaltensweisen und Motivationen, die der Gruppe selbst und anderen Gruppen bekannt sind. Quadrant II bedeutet einen Bereich des Verhaltens, dem die Gruppe selbst blind gegenübersteht; andere Gruppen bemerken dieses Verhalten jedoch, z. B. Kultbildung oder Vorurteile. Quadrant III, der Bereich des Verbergens, bezieht sich auf Dinge, die die Gruppe über sich selbst weiß, die sie aber vor anderen Gruppen geheimhält. Quadrant IV, der Bereich des Unbekannten, bedeutet, daß die Gruppe von einigen Aspekten ihres eigenen Verhaltens nichts weiß, von denen auch andere Gruppen nichts wissen. Später, wenn die Gruppe mehr über sich selbst erfährt, findet eine Verlagerung vom Quadranten IV auf einen der anderen Quadranten statt.

Prinzipien der Veränderung

a) Eine Veränderung in irgendeinem der Quadranten berührt alle anderen Quadranten auch.
b) Es erfordert Energie, ein Verhalten, das in der Interaktion zutage tritt, zu verbergen, zu leugnen oder nicht zu sehen.
c) Bedrohung vermindert gewöhnlich das Erkennungsvermögen; gegenseitiges Vertrauen vermehrt es gewöhnlich.
d) Erzwungenes Erkennen (Bloßstellung) ist unerwünscht und gewöhnlich unwirksam.
e) Interpersonales Lernen bedeutet, daß eine Veränderung eingetreten ist; Quadrant I ist größer und einer oder mehrere der anderen Quadranten sind kleiner geworden.
f) Die Zusammenarbeit mit anderen wird erleichtert durch einen genügend großen Bereich freier Aktivität. Wenn dieser vorhanden ist, können mehr der in der Gruppe vorhandenen Hilfsmittel und Fertigkeiten zur Lösung der aktuellen Aufgabe eingesetzt werden.
g) Je kleiner der Quadrant I ist, desto schlechter ist die Kommunikation.
h) Jedermann ist neugierig in bezug auf den unbekannten Bereich, aber diese Neugier wird durch Sitte, soziales Training und verschiedene Ängste in Schach gehalten.
i) Sensitivität bedeutet, daß man die verdeckten Verhaltensaspekte in den Quadranten II, III und IV einzuschätzen weiß und den Wunsch anderer achtet, diese Bereiche verdeckt zu halten.
j) Wenn man durch eigenes Erleben etwas über Gruppenprozesse lernt, trägt das zu einer Steigerung des Erkennungsvermögens (größerer Quadrant I) in bezug auf die Gruppe als ganzes wie auch in bezug auf die einzelnen Gruppenmitglieder bei.
k) Das Wertsystem einer Gruppe und ihrer Mitglieder läßt sich ablesen an der Art, wie man sich zu den *Unbekannten* im Gruppenleben stellt.
l) Ein Tausendfüßler kann ohne Erkenntnisse vielleicht vollkommen glücklich sein, aber er beschränkt sich schließlich darauf, unter Steinen herumzukrabbeln.

Wenn es sich mit dieser Skizze vertraut gemacht hat, kann jedes Gruppenmitglied lernen, sie dazu zu benützen, sich ein besseres Verständnis für die bedeutsamen Ereignisse in der Gruppe zu verschaffen. Außerdem ist dieser Plan weit und locker genug, so daß er einen heuristischen Wert bekommen kann, indem er dazu anregt, Probleme auf neue Arten aufzufinden und zu bearbeiten. Wir geben hier einige Beispiele für verschiedene Arten des Inter- und Intragruppen-Verhaltens.

Die Ziele eines gruppendynamischen Laboratoriums

Unter Verwendung des vorliegenden Modells können wir eines der allgemeinen Ziele des Laboratoriums veranschaulichen, nämlich die Vergrößerung des Bereichs der freien Aktivität im Quadranten I, so daß ein größerer Teil der Beziehungen in der Gruppe frei und offen wird. Daraus folgt, daß es die Aufgabe des Laboratoriums ist, den Bereich des Quadranten I zu vergrößern, und zugleich den Bereich der Quadranten II, III und IV zu verkleinern. Die stärkste Verkleinerung tritt im Quadranten III ein, dann im Quadranten II, und die geringste im Quadranten IV.

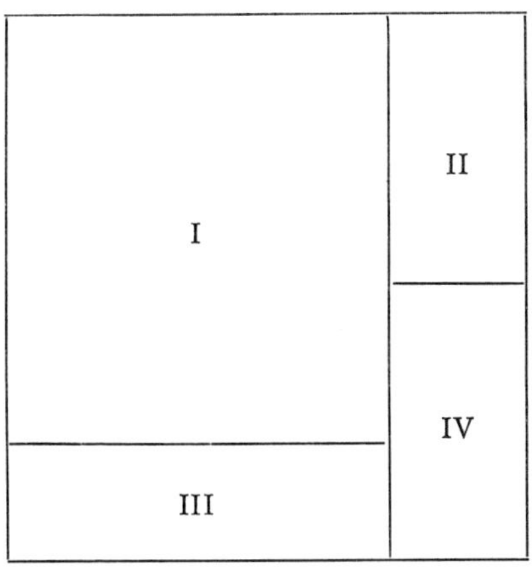

Abb. B.: Ziele des Laboratoriums

Ein vergrößerter Bereich der freien Aktivität unter den Gruppenmitgliedern bringt sofort eine Abnahme der Bedrohung oder Angst mit sich, und eine größere Wahrscheinlichkeit, daß die Fertigkeiten und Hilfsmittel der Gruppenmitglieder für die Arbeit der Gruppe genutzt werden können. Die Vergrößerung des Bereichs I läßt größere Offenheit für Informationen, Meinungen und neue Gedanken über das eigene Selbst wie auch über spezifische Gruppenprozesse vermuten. Da der Bereich des Verbergens und Vermeidens, der Quadrant III, verkleinert wird, wird weniger Energie durch die Verteidigung dieses Bereichs gebunden. Da mehr eigene Bedürfnisse des einzelnen entbunden werden, wird Zufriedenheit mit der Arbeit wahrscheinlicher, ebenso eine größere Anteilnahme an dem, was die Gruppe tut.

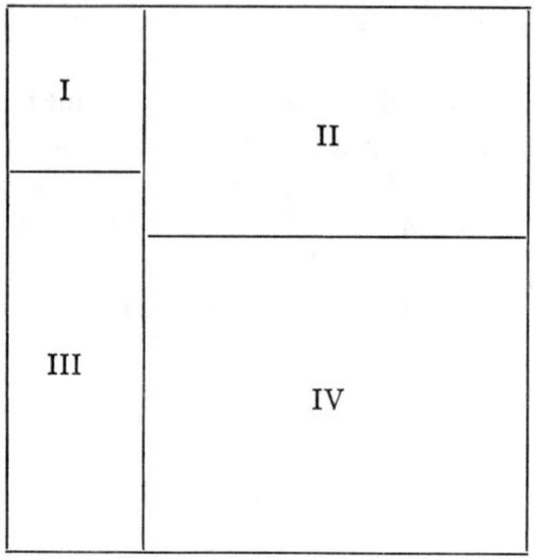

Abb. C.: Beginnende Interaktion in einer neuen Gruppe

Die Anfangsphase der Gruppen-Interaktion

Wenn man das Schema auf eine typische Zusammenkunft der meisten Gruppen anwendet, kann man erkennen, daß die Interaktion relativ oberflächlich ist, daß Angst oder Bedrohung ziemlich groß sind, daß der Austausch gezwungen und wenig spontan ist. Möglicherweise stellt man auch fest, daß Ideen oder Vorschläge nicht ausgeführt werden und gewöhnlich unentwickelt bleiben, und daß die Individuen relativ wenig von dem zu hören und zu sehen scheinen, was wirklich geschieht.

Durch das Schema lassen sich sowohl Inter- als auch Intra-Gruppenprozesse darstellen.

Man kann die Gruppe als eine Wesenheit oder Einheit behandeln. Cattell (11) benützt z. B. den Ausdruck „syntality“, wenn er die Qualität einer Gruppe bezeichnen will, die der Persönlichkeit des einzelnen analog ist. Lewin faßt die Gruppe als ein organisiertes Kräftefeld auf, als strukturiertes Ganzes. Nach unserem Schema kann eine Gruppe sich in einer Weise, die der Beziehung zwischen Individuen ähnelt, zu anderen Gruppen in Beziehung setzen. In der Abbildung D z. B. stellt der erste Quadrant Verhaltensweisen und Motivationen einer Gruppe dar, die sowohl den Gruppenmitgliedern als auch anderen bekannt sind. Ein College-Seminar kann z. B. ein bestimmtes Wissen über sich selbst und bestimmte Verhaltensweisen mit anderen Gruppen an dem gleichen College gemeinsam haben, so z. B. die Voraussetzungen für die Teilnahme an der Lehrveranstaltung, den Stoff des Seminars oder die Menge an Arbeit, die es sich vornimmt. In einem Seminar geschehen jedoch viele Dinge, die zwar den Teilnehmern bekannt sind, aber nicht außenstehenden Gruppen (Quadrant III).

	Der Gruppe bekannt	Der Gruppe nicht bekannt
Anderen Gruppen bekannt	I	II
Anderen Gruppen nicht bekannt	III	IV

Abb. D.: Interaktion zwischen Gruppen

Ein Beispiel für den Bereich vermiedenen Verhaltens kann das Gefühl sein, das eigene Seminar sei etwas ganz Besonderes oder anderen Lehrveranstaltungen ziemlich überlegen. Oder die Gruppenmitglieder haben das Gefühl, ihr Seminar sei verlorene Zeit, teilen aber aus irgendeinem Grund diese Einstellung Außenseitern nicht mit. Manchmal tritt auch ein besonderes Ereignis ein und man verheimlicht es Außenseitern. Quadrant II, der blinde Fleck, ist charakteristisch für bestimmte Kultbildungen, bei denen die Anhänger einige Aspekte ihres eigenen Verhaltens nicht bemerken, während Außenseiter die „kultischen" Eigenarten unterscheiden können. Manchmal sind auch die Vorurteile einer Gruppe für Außenstehende völlig klar sichtbar, jedoch nicht für die Gruppenmitglieder selbst.

Der Quadrant IV kann sich auf Einstellungen und Verhaltensweisen beziehen, die in der Gruppe existieren, ihr aber aus irgendeinem Grund unbekannt bleiben. Ein Beispiel dafür könnte ein ungelöstes Problem im

Hinblick auf die Gesamtziele der Gruppe sein. Wenn die Gruppe insgeheim gespalten ist und einige Mitglieder in verschiedenen Richtungen vorgehen wollen — und wenn diese Tatsache nie erkannt oder zutage gefördert worden ist —, dann könnten wir uns die Entwicklung von Schwierigkeiten vorstellen, die den Gruppenmitgliedern selbst und auch den Mitgliedern anderer Gruppen unbekannt bleiben. Z. B. hatten einmal in einem großen naturwissenschaftlichen Unternehmen die Physiker und Ingenieure große Schwierigkeiten mit den Maschinisten. Erst nach einer langen Ermittlungszeit wurde deutlich, daß die Fragen von Status und Privilegien Gefühle der Bitterkeit zwischen den Gruppen hatten entstehen lassen, während die Angehörigen der verschiedenen Gruppen sich nicht im klaren darüber waren, wie weit diese Probleme gewuchert waren.

4. Kapitel

Grundfragen der Gruppenprozesse

Es gibt so viele wichtige Grundfragen, die mit dem Studium von Gruppen zu tun haben, daß wir hier nur auf eine begrenzte Anzahl eingehen wollen. Die meisten der großen Probleme, wie Kommunikation, Führung, Zusammenarbeit und Wettbewerb, sind so umfangreich, daß sie auf College-Niveau eigene Vorlesungen und eigene Lehrbücher erfordern. Hinweise am Ende dieser kleinen Schrift werden Studenten anregen, was sie noch lesen können. In diesem Kapitel wird eine Reihe von Themen herausgestellt und diskutiert, die für die Laboratoriumsmethode der Auseinandersetzung mit Gruppenprozessen besonders naheliegen. Der Leser wird feststellen, daß Bemerkungen zu einem der Themen immer auch andere Probleme anklingen lassen. Die Aufteilung des Gruppenverhaltens in verschiedene Segmente und Prozesse ist ein künstliches Zerschneiden eines integrierten Ganzen zum Zweck der Vereinfachung und Erörterung.

Prozeß und Inhalt

Wenn sich eine Gruppe versammelt, um eine bestimmte Aufgabe zu lösen, z. B. die Aufstellung eines Etats oder das Erlernen der Physik, befassen sich die Gruppenmitglieder in erster Linie mit inhaltlichen Dingen, mit der Aufgabe oder dem Stoff im buchstäblichen Sinn. In der Gruppe können jedoch Schwierigkeiten auftauchen, die keine direkte Beziehung zum Etat oder zur Physik haben. Es können sich Kommunikationsprobleme ergeben, obwohl verständlich gesprochen wird, oder zwischen dem Lehrenden und den Lernenden entwickeln sich feindselige Gefühle, oder das Komitee bleibt in fruchtlosen Streitereien zwischen Fraktionen stecken. Diese indirekten Schwierigkeiten sind die Folge von Prozessen, die man erkennen und denen man besondere Aufmerksamkeit schenken muß, wenn die Gruppe mit ihrer Arbeit vorankommen soll. In einem gruppendynamischen Laboratorium wird der Unterschied zwischen den beiden Funktionsebenen klar herausgestellt, und man zeigt verschiedene Methoden, wie Prozesse konstruktiv identifiziert werden können. Der teilnehmende Beobachter (participant-observer) lernt diese

Prozesse in nicht wertender Art zu betrachten, so daß sie verstanden werden können, ohne daß sich die Gruppenmitglieder bedroht fühlen.

Da viele dieser Prozesse subtil und schwer zu identifizieren sind, ist es notwendig, durch Erfahrung und Praxis etwas über sie zu lernen. Alle Aspekte der Gruppentätigkeit können Prozesse in sich schließen, und bei jeder der in diesem Abschnitt besprochenen Grundfragen geht es in irgendeiner Weise um diese zugrundeliegenden Phänomene. Struktur, Konflikt, Abhängigkeit—Unabhängigkeit, Rolle und „Gruppenmoral“ sind Beispiele für die verschiedenen Weisen, wie man über Prozesse sprechen kann.

Bions Prozesse

Ein wohlbekanntes System von Prozessen hat der britische Psychiater Bion (9) entwickelt. Er fand diese Gedanken auch außerhalb der Anwendung auf die Gruppenpsychotherapie nützlich. Er nennt die dem Gruppenleben zugrunde liegenden emotionalen Muster „Grundeinstellungen“ (basic assumptions). Diese können die Arbeit einer Gruppe stören oder auch nicht, aber man sollte sie als typische Merkmale wesentlicher psychischer Prozesse ansehen. Die Grundeinstellung „Kampf und Flucht“ *(fight-flight)* bezeichnet Arten, wie Gruppenmitglieder während der Arbeit kämpfen. Manchmal tritt der Streit auch an die Stelle der Gruppenarbeit, weil unvermeidliche Unterschiede in den emotionalen Bedürfnissen bestehen. Der Kampf kann subtil und verborgen oder offen und aggressiv sein. Mit „Flucht“ werden die vielen verschiedenen Möglichkeiten bezeichnet, die die Gruppe findet, vor der Aufgabe auszuweichen oder davonzulaufen, für die sie organisiert worden ist. „Paarbildung“ *(pairing)* ist ein weiteres Verhaltensschema, nach dem Gruppenmitglieder sich zusammenschließen (oft, ohne es zu merken), um mit Problemen fertigzuwerden oder um ihre persönliche Befriedigung zu erhöhen. Abhängigkeit *(dependency)* ist eine Grundeinstellung, die typischerweise darin besteht, daß eine Gruppe die Unterstützung eines Menschen oder eines Dings sucht, das sie als stärker als sich selbst empfindet.

Es gibt aber noch viele andere Methoden der Systematisierung von Gruppenprozessen. Für Forschungszwecke können die Forscher sich auch ein eigenes System entwickeln oder bestimmte Prozesse zur besonderen Beachtung auswählen. Wo es möglich ist, sind operationale Definitionen erwünscht, damit die Gefahren der subjektiven Beobachtung und Interpretation vermieden werden können.

Der „Gruppengeist" (group mind)

Vor dreißig oder vierzig Jahren hat die Frage des „Gruppengeistes" starke Kontroversen und Kritik hervorgerufen. Der Ausdruck wurde als zu vage und mystisch abgelehnt. Heute ist der Widerstand gegen den Gebrauch eines Konstrukts geringer, das sich auf die Gruppe als Ganzes bezieht, vorausgesetzt, daß man sich die gleiche Mühe gibt, zu einer operationalen Definition zu kommen, wie bei anderen Konstrukten, wie z. B. „Intelligenz" oder „Persönlichkeit".

Lewin (30) spricht von „Gruppenatmosphäre" *, Cattell (11) benützt den Ausdruck „syntality", um die „Persönlichkeit" der Gruppe zu bezeichnen, Cartwright (12) spricht von den emotionalen Dimensionen einer Gruppe, vom emotionalen Tonus der Gruppe und von „gesunden" und „pathologischen" Gruppen. Festinger (19), Libo (34) und andere (3) sprechen von Gruppenkohäsion; Asch (1) und Crutchfield (17) untersuchen Gruppendruck und Gruppenkonformität. Diese produktiven Untersuchungen zeigen, daß wir keine Angst zu haben brauchen, gruppenrelevante Ausdrücke zu verwenden, denn tatsächlich müßten wir, wenn es sie nicht gäbe, gleichwertige Ausdrücke erfinden, die beim Aufbau adäquater Theorien als intervenierende Variable dienen könnten.

Abhängigkeit (Dependenz), Selbständigkeit (Independenz) und Interdependenz

Sherif (47) und später Asch (1) haben experimentell gezeigt, daß Menschen dazu neigen, ihr eigenes Urteil hintanzustellen und sich auf andere zu verlassen, besonders wenn die Situation zweideutig ist. Aschs Studie ist besonders wichtig, weil er gezeigt hat, daß eine signifikante Zahl von Personen selbst dann, wenn die Reizsituation nicht zweideutig ist, ihr selbständiges Urteil aufgibt. Asch stellt fest, daß die Schätzung der Länge von Zeilen im Vergleich zu einer Standardzeile mit Leichtigkeit richtig ausfällt, wenn ein Proband allein ist, daß sie aber bei einer erheblichen Anzahl von Probanden Konflikte verursacht, wenn andere dabei sind, die absichtlich falsche Urteile abgeben. Etwa ein Drittel der

* „Es ist bekannt, daß der Erfolg einer Lehrerin in der Klasse nicht nur von ihrem *Können* abhängt, sondern in hohem Maß von der Atmosphäre, die sie schafft. Diese Atmosphäre ist etwas Ungreifbares, sie ist eine Eigenschaft der sozialen Situation insgesamt, und wenn man sie unter diesem Gesichtswinkel sieht, kann man sie wissenschaftlich messen."

Probanden gab dem Druck nach, den die Verbündeten des Versuchsleiters ausübten, und gab falsche Antworten.

Viele Studien machen deutlich, daß die Variablen Independenz—Dependenz—Interdependenz mit anderen Manifestionen des Gruppenlebens zusammenhängen. French (32) zeigt experimentell, daß organisierte (interdependente) Gruppen unorganisierten Gruppen in Angstsituationen überlegen sind, weil sie unter Belastung größere soziale Freiheit und Gleichheit der Teilnahme zeigen. Lewin, Lippitt und White (33) stellten fest, daß ihre experimentellen „demokratischen" Kindergruppen selbständiger und stärker wechselseitig abhängig waren als die „autokratischen" Gruppen. Seeman (46) bemerkt, daß auf höheren Status ausgerichtete Lehrer Direktoren bevorzugen, die sie mehr anleiten und ihnen sagen, was sie tun sollen. Abhängigkeit und das Bedürfnis nach Status schienen zusammenzugehören.

Wenn wir unter Selbständigkeit verstehen, daß jemand sich auf seine eigenen Gefühle, Eindrücke und Urteile verläßt und demgemäß handelt, und wenn Abhängigkeit bedeutet, daß man sich auf andere verläßt, dann müssen wir postulieren, daß Interdependenz ein bedeutsamer Prozeß in einer reifenden Gruppe ist. Interdependenz entwickelt sich, während eine Anzahl von Individuen neue Verfahrensweisen, Maßstäbe und Wertvorstellungen ausarbeitet, die den Zielen und Fähigkeiten der Gruppenmitglieder entsprechen. Außer einer Arbeitsteilung innerhalb der Gruppe bedeutet Interdependenz, daß man lernt, Abhängigkeit zu akzeptieren, wenn es wirklich notwendig ist (wie in einem Arbeitsteam oder bei einer Bomberbesatzung). Die in den Versuchen von Asch und Crutchfield gezeigte Abhängigkeit war den Problemen, denen die Probanden sich gegenübersahen, unangemessen. Feldtheoretisch ausgedrückt: Eine Gruppe verändert sich, indem sie die Beziehungen zwischen den Teilen und dem Ganzen zu einer neuen Konfiguration umstrukturiert. Veränderungen der Maßstäbe, Rollen und Kommunikationsmuster beeinflussen sowohl die Motivation der Individuen als auch die Gruppenatmosphäre. Lewin (31) bezeichnet dies als Auftauen *(unfreezing)*, Veränderung des Niveaus oder der Maßstäbe und erneutes Einfrieren auf einem neuen Niveau. Gruppen kommen durch eine Auflösung von Differenzen zur Interdependenz, so daß Zusammenarbeit und Zusammenwirken optimal werden, während Selbständigkeit des Urteilens und Handelns den höchsten Grad erreichen.

Hemphill (23) stellt in seinen Untersuchungen über Führungsverhalten fest, daß Menschen in großen Gruppen mehr führerzentriertes Verhalten zulassen als in kleinen, persönlicheren Gruppen. Bavelas (5) hat gezeigt, wie die *Bedingungen*, unter denen eine Gruppe funktioniert,

Faktoren wie Selbständigkeit beeinflussen; bei seinen Versuchen mit Systemen der Gruppenkommunikation hat er festgestellt, daß Abhängigkeit und Führungsverhalten sich je nach dem Kommunikationssystem verändern. Crutchfield (17) erweitert die Versuche Aschs, indem er sowohl abstrakte als auch physikalische Reize als Urteilsgrundlage benützt. Er stellt fest, daß auch das selbständige Denken in bezug auf Ideen von signifikanten Teilen der Probanden aufgegeben wird, wenn man sie den irreführenden Meinungen anderer aussetzt. Wie bei Aschs Versuch hatte das einzelne Individuum keine Gelegenheit, seine Eindrücke mit anderen zu besprechen; es gab keine Kommunikation mit den Andersdenkenden.

Individuelle Produktivität und Gruppenproduktivität

Kann eine Gruppe effektiver Probleme lösen als allein arbeitende Individuen? Eine Reihe von Versuchen zum Vergleich der individuellen und der Gruppenproduktivität hat diese Frage nicht beantworten können. Kelley und Thibaut (26) haben die Berichte über „Experimentelle Untersuchungen der Problemlösung durch Gruppen und deren Prozeß" zusammengefaßt. Obwohl Forschungsberichte aus etwa 35 Jahren vorhanden sind, haben sich noch keine systematischen Prinzipien aufweisen lassen.

Es ist klar, daß an diesem Problem viele physikalische, strukturelle und prozessuale Fragen in bezug auf Gruppen beteiligt sind. Variable wie Gruppengröße, Art der Aufgabe, Zusammensetzung der Mitgliedschaft, Zeit- und Qualitätsfaktoren, motivierende Kräfte innerhalb und außerhalb der Gruppe, auferlegte Ziele gegenüber selbstbestimmten Zielen, Intragruppenkommunikation, Druck in Richtung auf Konformität und „Gruppengeist" und Prozesse interpersonaler Beeinflussung sind in weit verstreuten Forschungen untersucht worden; sie alle haben direkt mit der Frage der Produktivität zu tun. Aber man hat noch keine umfassende Theorie entwickelt, um diese Variablen in einer Weise zu verbinden, die definitive Antworten ermöglichen würde. In gewissem Sinn ist die Frage, ob individuelle oder Gruppenproduktivität überlegen ist, weniger wichtig als das Verstehen dessen, was geschieht, wenn Menschen zusammen arbeiten. Selbst wenn wir allein arbeiten, haben wir mit den Beiträgen anderer zu tun, z. B. beim Austausch von Ideen und Techniken unter Wissenschaftlern und Künstlern. Außerdem ist auch unsere gegenwärtige Fähigkeit, allein zu arbeiten, eine Funktion früheren Lernens.

Häufig ergänzen sich die Bemühungen des einzelnen und der Gruppe. Leitende Angestellte und Administratoren müssen wissen, was andere Abteilungen tun — und sei es nur, um ungewolltes Gegeneinanderarbeiten und Doppelarbeit zu vermeiden. Für manche Menschen ist eine Gruppenanstrengung ein notwendiges Übel, etwas, was sie hemmt und ihre Freiheit einschränkt und die Qualität auf ein Mittelmaß herabdrückt. Aber ist das ein unvermeidliches Ergebnis der Gruppenbemühung? Die amerikanische Unabhängigkeitserklärung und die Verfassung der Vereinigten Staaten (52) sind das Ergebnis von Gruppenbemühungen; es ist zu bezweifeln, ob ein einzelner Mensch eine bessere Arbeit hätte liefern können. Andererseits, wie wäre es einem Komitee ergangen, das z. B. an der Skulptur des Moses von Michelangelo gearbeitet hätte? Offensichtlich ist sowohl die Art der Aufgabe wichtig als auch die persönliche Vorliebe.

Eine zutiefst integrierte Gesellschaft mit pluralistischen Zielen fordert den Ausdruck verschiedenartiger individueller Bedürfnisse *und* die Auflösung von Differenzen bei der Lösung bestimmter Probleme. Die Planung einer neuen Fabrik, die Veränderung des Steuersystems oder die Errichtung einer Schule erfordern *sowohl* eine umfassende Kenntnis der Bedürfnisse und Forderungen *als auch* den Rat des technischen Fachmanns. Das Lernen selbst scheint bei den meisten Menschen am besten fortzuschreiten, wenn ein günstiges Gleichgewicht zwischen Lernen mit anderen zusammen und Einzelstudium herrscht. Sofern wir nicht eine Arbeit (oder eine Gesellschaft) vorziehen, bei der uns gesagt wird, was wir tun sollen und wie, sind wir einer Weltanschauung der interpersonalen Beratung verpflichtet. Innerhalb dieser Weltanschauung sollte jedoch reichlich Platz für eine optimale Ausgewogenheit zwischen individueller und Gruppenproduktivität sein. Vielleicht kann uns bei der Entscheidung, wann eine Gruppenbemühung notwendig ist, am besten ein aufgeklärtes Eigeninteresse leiten. Eine kluge Gruppe weiß, wann sie aufhören muß, zu bestehen.

Gruppenproduktivität im Vergleich zur individuellen Produktivität — Zusammenfassung

a) Problemlösung und Produktivität der Gruppe haben im Vergleich zu den individuellen Formen deutliche Vorteile und Nachteile.
b) Wenn ein Problem eine einzelne Gesamteinsicht oder eine originelle Reihe von Entscheidungen fordert, kann ein individuelles Vorgehen einer Gruppenanstrengung überlegen sein.

c) Probleme, zu deren Lösung eine große Vielfalt von Können und Wissen oder die vergleichende Prüfung von Fakten und Ideen erforderlich sind, scheinen eher ein Gruppenvorgehen notwendig zu machen. Feedback und freier Gedankenaustausch können tatsächlich zu Ideen anregen, die in der Einzelbemühung nicht aufgetaucht wären.
d) Wenn alle in der Gruppe die gleichen Ziele haben, ist es wahrscheinlicher, daß es zu einer kooperativen Bemühung kommt; wenn das Gruppenziel von manchen Mitgliedern nicht geteilt wird, können Gruppenmoral und Produktivität leiden. Infolgedessen besteht, wenn das Gruppenziel durch Gruppendiskussion und unter Teilnahme aller beschlossen wird, eine größere Wahrscheinlichkeit für die Beteiligung aller Mitglieder.
e) Je größer der Wunsch nach individueller Prominenz und Auszeichnung, desto geringer ist die freundliche Teilhabe, desto niedriger die Gruppenmoral.
f) Wenn die Notwendigkeit der Gruppenanstrengung beschlossen ist, wird die Gruppe um so besser funktionieren, je kleiner sie ist, vorausgesetzt, daß die notwendige Vielfalt des Könnens und die Mittel zur Erhaltung der Gruppe vorhanden sind.
g) Eine Gruppe kann die Quelle starker interpersonaler Stimulierung sein; eine Gruppe pflegt auch ihren eigenen Druck in Richtung auf Konformität zu erzeugen. Wenn man sich für Gruppen- oder Einzelarbeit entscheiden muß, sollte man diese beiden Kräftegruppen (stimulierende und bindende) im Auge behalten.
h) Eine Gesellschaft, die der Würde und der Freiheit des Individuums den höchsten Wert beimißt, ermutigt auch am stärksten zu selbständigem Denken, selbständiger Arbeit und selbständiger Verantwortung. Ein der gesunden Gruppe eigenes Ziel ist daher die Bestätigung wahrer Selbständigkeit, während zugleich die Gruppenbedürfnisse erfüllt werden.

Struktur

Mit Struktur bezeichnet man die innere Organisation und die internen Verfahrensweisen einer Gruppe. Es geht nicht nur darum, wieviel Struktur eine Gruppe hat, sondern darum, ob sie gemäß ihren eigenen Bedürfnissen Regeln, Grenzen und Verfahrensweisen aufbaut.

Bei einem informellen Experiment im National Training Laboratory in Bethel (49) wurden homogene Gruppen auf der Grundlage des Bedürfnisses nach Struktur errichtet, das die einzelnen Mitglieder hatten. Die Mitglieder der hochstrukturierten Gruppe gingen direkter und offener vor, waren mehr an der Aufgabe orientiert, weniger am Prozeß, schienen sich rasch in Richtung auf oberflächliche Kommunikation und oberflächliche Beziehungen zu bewegen und zeigten mehr Achtung gegenüber Personen mit Macht und Autorität. Die Mitglieder der wenig strukturierten Gruppe kümmerten sich weniger um die Aufgabe, mehr um den Prozeß, verhielten sich stützender und neigten stärker zur Deutung von Gefühlen der Gruppe und der Gruppenmitglieder. Eine interessante Beobachtung bezog sich auf den von jeder Gruppe bei sich selbst empfundenen Mangel an Qualitäten, die sie jeweils bei der anderen feststellten. Mit anderen Worten: Dadurch, daß die heterogenen Elemente ausgelesen wurden, nahm man den Gruppen das notwendige Gleichgewicht zwischen den Rollen der Arbeit und der Gruppenerhaltung.

Konflikte

Viele Fragen wirft die Bedeutung der Konflikte im Gruppenverhalten auf. Sind Konflikte wesentlich für Gruppenproduktivität oder -kreativität? Arbeiten sich Gruppen blind durch Konflikte hindurch, oder lassen sich allgemeine Prozesse unterscheiden? Gordon Hearn (22) macht aufmerksam auf den von Ewbank zu dieser Frage geleisteten Beitrag. Ewbank unterscheidet fünf Arten, wie Gruppenkonflikte behandelt werden; *erstens:* durch Ausschluß der Opposition, *zweitens:* durch Unterwerfung der Opposition, *drittens:* durch die Bildung einer Allianz zur Überwältigung der Opposition, *viertens:* durch Zustandebringen eines Kompromisses mit der anderen Seite, *fünftens:* durch die Integration entgegengesetzter Ideen zu neuen Lösungen. Konflikt und Konsensus kann man als mächtige Zentralprobleme in der Dynamik aller Gruppen betrachten.

Thelen (51), Hearn (22) und andere glauben, Konflikte seien in allen Gruppen unvermeidlich, weil auch im größeren Rahmen der Kultur ständig mit Problemen wie: Konkurrenz kontra Zusammenarbeit, Individualität kontra Konformität und Freiheit des Ausdrucks kontra Gefühlshemmung gerungen werde.

Die Rolle

Der Begriff „Rolle" bedeutet ein Verhaltensmuster, das den Platz eines Individuums in einer Gruppe charakterisiert. In der zeitgenössischen Soziologie war Cooley (16) einer der ersten, die auf Sinn und Bedeutung des Charakters der Gruppenmitgliedschaft hingewiesen haben. Er betonte, daß die Rolle eines Menschen in verschiedenen Gruppen einen machtvollen Einfluß auf seine Entwicklung ausübt, und daß die multiple Gruppenzugehörigkeit der Schlüssel zum Verständnis seiner Motive im sozialen Verhalten ist. Das Konzept der Rolle kann also zum Verstehen und zur Vorhersage des Verhaltens eines Individuums beitragen. Sherif (48) und andere haben gezeigt, daß multiple Gruppenidentifikation dem Individuum Schwierigkeiten machen und Unbeständigkeit in seinem Verhalten verursachen kann. Ein Geschäftsmann wird z. B. bei seiner Arbeit eine typische Wettbewerbsrolle spielen; als Mitglied einer konfessionellen Gruppe aber verhält er sich möglicherweise kooperativ und hilfsbereit. Wenn er sich aber einer Frage wie der Schulintegration in seiner Wohngemeinde gegenübersieht, kann er unter erheblichen Stress geraten oder in bezug auf diese Frage inkonsequent handeln.

Auf die gleiche Weise kann man in einer kleinen Gruppe bei jedem Mitglied charakteristische Verhaltensmuster aufzeigen und sie zum Funktionieren der Gruppe in Beziehung setzen. Benne und Sheats (8) benützen die funktionellen Rollen von Gruppenmitgliedern zur Katalogisierung der aufgabenorientierten Tätigkeiten. Sie verwenden Ausdrücke wie „Initiatoren", Meinungen oder Informationen Gebende oder Suchende, Beurteiler, Protokollführer usw., um das Verhalten von Gruppenmitgliedern zu beschreiben, die sich um die Arbeit der Gruppe kümmern. Gruppenbildende und gruppenerhaltende Tätigkeiten werden durch eine andere Kette von Rollen bezeichnet.

Bales (4) benützt zwölf lockere Kategorien des Gruppenverhaltens, die genügend deskriptiv sind, so daß man sie mit etwas Praxis und Training für Beobachtungszwecke verwenden kann. Um eine angemessenere Beschreibung des Rollenverhaltens zu bekommen, führt er folgende Aktivitäten auf seinem Formular zur Erfassung von Interaktionen an: 1. Zeigt Solidarität, hebt den Status anderer, hilft und belohnt. 2. Zeigt eine Lösung von Spannung, scherzt, lacht, zeigt Befriedigung. 3. Stimmt zu, zeigt passive Annahme, versteht, wirkt mit, willigt ein. 4. Gibt anderen Hinweise, Anleitung, wobei er ihre Autonomie voraussetzt. 5. Gibt seine Meinung, sein Urteil, seine Analyse bekannt; bringt ein Gefühl, einen Wunsch zum Ausdruck. 6. Gibt Orientierung, Information, wiederholt, stellt klar, bestätigt. 7. Bittet um Orientierung, Information, Wiederholung, Bestätigung. 8. Bittet um Äußerung von Meinungen, Beurteilungen, Analyse, Gefühlen. 9. Bittet um Hinweise, Anleitung, mögliche Aktionsweisen. 10. Widerspricht, zeigt passive Ablehnung, Förmlichkeit, verweigert Hilfe. 11. Zeigt Gespanntheit, bittet um Hilfe, zieht sich „aus dem Feld" zurück. 12. Zeigt Feindseligkeit, mindert den Status anderer, verteidigt sich oder behauptet sich.

Eins der interessanten Probleme in bezug auf Rollen sind die Prinzipien, die dem Rollenwechsel eines Gruppenmitglieds zugrunde liegen. Um zu erfahren, wie jedes Gruppenmitglied die anderen Mitglieder und sich selbst in verschiedenen Phasen des Gruppenlebens sieht, kann man soziometrische Fragebögen verwenden.

Das Rollenspiel

Das Rollenspiel ist eine Methode zur Untersuchung der Einstellungen und Gefühle von Individuen in simulierten Situationen. Z. B. kann ein Vorgesetzter einige seiner Schwierigkeiten bei der Arbeit auf das Problem der Beurteilung der Beschäftigten zurückgeführt haben. Er wird aufgefordert, unter der Leitung eines erfahrenen Gruppenleiters eine konkrete Problemsituation zu rekonstruieren. Die Gruppenmitglieder werden aufgefordert, verschiedene Rollen zu spielen, wobei der Vorgesetzte selbst teilnimmt oder andere beobachtet, nachdem er selbst sich beteiligt hat. Nun werden Dialog und Handlung so improvisiert, daß sie ungefähr der Problemsituation entsprechen. In spontaner Interaktion in der Art eines Dramas können Gruppenmitglieder mehr über ihre eigenen Einstellungen und Verhaltensweisen lernen und können versuchen, neue Methoden zu finden, um mit ihren Problemen fertigzuwerden. Auf das Rollenspiel folgt gewöhnlich eine freie Diskussion dessen, was vor sich gegangen ist und der Empfindungen der Darsteller und der Beobachter bezüglich der Interaktionen. Auf diese Weise kann man produktive neue Einsichten und Ideen gewinnen. Das Rollenspiel als eine Form des Psychodramas (42) ist komplexer als es erscheint, und es wäre unklug, es ohne Anleitung durch eine erfahrene Person anzuwenden. Wenn unerfahrene Leute sich im Rollenspiel versuchen, kann es mißbraucht werden und mehr Angst und Verwirrung hervorrufen, als dazu beitragen, daß die Beteiligten etwas lernen. Das Rollenspiel kann besonders wertvoll sein als diagnostische Methode in einer geregelten Forschungssituation.

Gruppenmoral

Für Lewin (32) bedeutet „Gruppenmoral“, daß die Ziele einer Gruppe hoch genug sind, um die Ideale (oder langfristigen Ziele) der Gruppe widerzuspiegeln, daß die Gruppenmitglieder zugleich aber zum Zweck der Arbeit an Nahzielen mit der Realität in Berührung bleiben. Von den vielen Bedeutungen der „Gruppenmoral“ bezieht sich die am häufigsten gemeinte auf das Leistungsniveau der Gruppe und auf die Gefühle der

Mitglieder hinsichtlich ihrer Gruppenzugehörigkeit. Man kann auch von „Wir-Gefühl", Solidaritätsgefühl oder Korpsgeist sprechen. Eine Gruppe mit hohem „Wir-Gefühl" kann Konflikte und Belastungen ohne ernsthaften Schaden und ohne auseinanderzufallen ertragen. Die „Moral" einer Gruppe hat also zwei Aspekte, die untereinander zusammenhängen: das Ausmaß, in dem die persönlichen Bedürfnisse des Individuums befriedigt werden, und die Effektivität, mit der die Ziele der Gruppe verwirklicht werden. Aber diese beiden Aspekte fallen nicht immer zusammen.

Jennings (25) und Coffey (15) entwickeln den Gedanken, alle Gruppen seien durch Bedürfnisse motiviert, die man im großen ganzen unter die Begriffe „Psyche" und „Sozio-" subsumieren kann. Bei einigen Gruppenmitgliedern wird die charakteristische Verhaltensweise von der Erfüllung ihrer persönlichen emotionalen Bedürfnisse bestimmt. Anderen Gruppenmitgliedern liegt weniger an ihren emotionalen Bedürfnissen oder es fällt ihnen weniger leicht, mit Gefühlen umzugehen, und sie ziehen es daher vor, den „sozietären" oder Arbeitsaspekt der Gruppentätigkeit zu betonen. Da alle Gruppen in wechselndem Maß beide Bedürfnisse haben, muß jede Gruppe die für sie geeignetste Kombination dieser beiden Komponenten herausarbeiten.

Bei der Studie im Betrieb der Western Electric in Hawthorne, Illinois, waren Elton Mayo (39) und seine Mitarbeiter am Anfang erstaunt, als sie einen Anstieg der Produktivität fanden, obwohl bestimmte physikalische Bedingungen, z. B. die Beleuchtung, weniger attraktiv gemacht worden waren. Er entdeckte später, daß sich die „Moral" der kleinen Gruppe, an der die Untersuchung durchgeführt wurde, auf Grund bestimmter sozialer und persönlicher Faktoren hob und infolgedessen die Produktivität beständig anstieg.

R. L. Kahn und Daniel Katz (13) fanden jedoch bei ihren Untersuchungen an der Universität von Michigan über Führungsverhalten und Gruppenmoral, daß bei mehreren untersuchten Betrieben keine beständige Beziehung zwischen „Moral" und Produktivität bestand. Sie führen dies zurück auf die verschieden guten Fähigkeiten der Vorgesetzten oder auf den Umstand, daß als Maß für die Produktivität „Kosten-pro-Einheit" benützt wurden, wobei man ungreifbare Faktoren, wie Gründe für Abwesenheit vom Arbeitsplatz und Fluktuation und Produktionsverlust durch Ausschuß, nicht berücksichtigte.

In einem Laboratorium über Kleingruppen sind die Teilnehmer der Komplexität der sozialen und persönlichen Kräfte ausgesetzt, die die Gruppenmoral beeinflussen, und können das Auf und Ab der „Moral" in sich selbst und in der Gruppe tatsächlich erleben. Bei der Beschreibung der Entstehung eines Gruppengefühls durch Konflikte stellt Hearn (22) fest, daß in seinen Seminaren über den Gruppen-Arbeitsprozeß an der Universität von Kalifornien die Gruppen mit zwei Fragen zu kämpfen hatten. „Die erste war das Problem der Autorität. Es kam zum Ausdruck in Form von ideologischen Meinungsverschiedenheiten in bezug auf die Rolle des Lehrenden; es ging also um die Frage Abhängigkeit oder Selbständigkeit. Jedes Gruppenmitglied kämpfte mit diesem Problem auf seine Weise, die zweifellos auf den verschiedenen Erfahrungen und Reaktionen auf Autoritätsfiguren in anderen Umgebungen beruhte. Die anderen Fragen betrafen das Problem, wieviel Struktur und welche Art von Struktur in einer Gruppe dieser Art wünschenswert sei." Hearn stellte fest, daß seine Gruppen während des ganzen Seminars an diesen Fragen arbeiteten; als Beweis dienten ihm die Protokolle, die er am Ende jeder Sitzung niederschrieb. Indem er die Genese dieser Probleme zurückverfolgt, zeigt Hearn, „wie Gruppengefühl aus Konflikten unter den Mitgliedern entsteht".

Die Bedeutung der „Gruppenmoral" ist noch nicht adäquat zu erfassen. Eins ist jedoch klar: Die meisten Versuche, die „Moral" durch oberflächliche Mittel zu heben, müssen fehlschlagen. Erst wenn wir begriffen haben, daß die Zufriedenheit des Individuums mit seiner Gruppe voraussetzt, daß das Individuum mit den offenkundigen und verdeckten Motivationen sowohl der einzelnen Mitglieder als auch der Gruppe insgesamt zurechtkommt, bekommen wir einen ersten Eindruck davon, wie kompliziert das ist. Wenn wir erkennen, wie groß die individuellen Unterschiede zwischen den Gruppenmitgliedern sein können, können wir darin eine Bestätigung für die Idee maximaler Selbstbestimmung durch die Gruppe sehen. Und wenn wir schließlich erkennen, daß eine Gruppe Teil einer größeren Einheit sein kann, die möglicherweise einen mächtigen Einfluß auf die kleinere Gruppe ausübt (wie es z. B. in der Industrie, im Bildungswesen und in der Verwaltung der Fall ist), können wir vielleicht die Reichweite der anfallenden Probleme besser verstehen. Aus diesen Gründen besteht zur Zeit in der Forschung eine Tendenz, die Gruppenmoral nicht mehr als ein einzelnes, einheitliches Problem zu betrachten, sondern sich mit wichtigen Begleiterscheinungen zu befassen, die sich leichter experimentell lenken und individuell begreifen lassen.

Kommunikation

Wie bei anderen grundlegenden Prozessen wie Rolle, Konflikt, Struktur und Führungsverhalten ist es auch bei der Kommunikation unmöglich, sie zu besprechen, ohne sie zu allen Phänomenen des Gruppenlebens in Beziehung zu setzen. Kommunikation umfaßt das verbal und nicht-verbal Ausgedrückte; sie umfaßt artikulierte Wörter und Gedanken ebenso wie Gefühle, die nicht in Laute gekleidet werden; sie umfaßt die Absichten des Mitteilenden und die Eindrücke, die diejenigen bekommen, an die die Mitteilung sich richtet. Kommunikation kann formell sein, wie z. B. Informationen, die innerhalb einer Organisation durch die regulären Kanäle übermittelt werden, oder informell, wie die Interaktionen unter Freunden, die beim Kaffee sitzen.

Kommunikationsschwierigkeiten können die Folge realer oder imaginärer Drohungen gegen Mitglieder einer Gruppe sein; sie müssen zu Fragen der Macht und des Einflusses in Beziehung gesetzt werden. Kommunikationskanäle können in die Struktur einer Gruppe eingebaut sein, wie in der Industrie oder in militärischen Organisationen, oder sie können sich informell als Funktion interpersonaler Bedürfnisse und Konflikte entwickeln. Soziometrische Tests können mit Hilfe der „Wahl von Freunden" zeigen, wo die informellen Kanäle verlaufen. Gegenüber von den Maßstäben der Gruppe abweichenden Mitgliedern kann die Kommunikation zunächst zunehmen; sie kann aber ganz aufhören, wenn der „Abweichler" sich zu weit von den Maßstäben und Normen der Gruppe entfernt.

Die Fähigkeit, anderen *zuzuhören* ist im Leben der Gruppe ungeheuer wichtig. Teilnehmer an einem Gruppenlaboratorium sind oft überrascht über die Veränderungen der Fähigkeit des Zuhörens, die bei späteren Zusammenkünften im Vergleich zu früheren festzustellen sind, nachdem auf mangelhaftes Zuhören hingewiesen worden ist. Diese Schwierigkeit ist leicht zu erkennen, wenn man auf Tonband aufgenommene Sitzungen wieder abspielt. Die Gruppenmitglieder können so noch einmal hören, was tatsächlich gesagt worden ist, und es mit dem vergleichen, was sie glaubten, gehört zu haben. Wenn man von Zeit zu Zeit anonym mit Hilfe von Fragebogen Beurteilungen erhebt, kann das der Gruppe zur Einschätzung ihrer Fortschritte verhelfen und Diskrepanzen in der Kommunikation zutage fördern.

Thelen hat eine Vorrichtung entwickelt, die die Unterschiede zwischen offener und geheimer Reaktion auf eine Kommunikation dramatisch verdeutlicht. Eine Tafel mit roten und grünen Lämpchen wird so installiert, daß jeder Teilnehmer die Möglichkeit hat, von seinem Stuhl aus je ein rotes und ein grünes Lämpchen durch Knopfdruck zu bedienen. Er kann einer Kommunikation zustimmen oder sie akzeptieren, indem er ein grünes Lämpchen einschaltet, oder er kann seine Ablehnung kundtun, indem er ein rotes Lämpchen aufleuchten läßt. Die Knöpfe lassen sich unauffällig bedienen, so daß die Identität der Gruppenmitglieder geheim bleibt. Nun kann man seine eigene Meinung über das, was gesagt wird, mit der Meinung anderer vergleichen, und man kann kontrollieren, ob die Gruppe als Ganzes so reagiert, wie man gemeint hat, oder nicht. Diese Vorrichtung ist besonders nützlich bei der experimentellen Arbeit auf dem Gebiet der Kommunikation in kleinen Gruppen. Wie wir oben bei der Behandlung der Rolle schon erwähnt haben, findet gewöhnlich innerhalb der Gruppe eine gewisse Spezialisierung, eine Rollendifferenzierung statt, so daß einige Mitglieder als Informationsgeber, andere als Fragende usw. auftreten. Problemlösung und das Fällen von Entscheidungen können als Aspekte der Lösung von Kommunikationskonflikten gesehen werden. Formelle Kommunikation, wie z. B. beim Lehren oder in der Industrie, kann verzerrt oder blockiert werden, je nach den Bedürfnissen und Problemen des informellen Kommunikationssystems. Manche Führer oder Experten sind weniger produktiv als andere, nicht weil sie ihnen an technischem Können unterlegen sind, sondern weil sie Kommunikationsschranken schaffen, ohne daß sie in ihren Beziehungen zu anderen diese Schranken bemerken.

Zuhören

Zuhören kann eine ganz einfache Sache sein, z. B. dann, wenn wir jemand hören, der uns den Weg zum Postamt beschreibt. Es ist etwas anderes in einer Gruppe, wo Menschen zusammengekommen sind, um an wichtigen Problemen zu arbeiten. Das Zuhören ist eine Fähigkeit, eingebettet in die Einstellung des einzelnen gegenüber der aktuellen Gruppe; es hängt weitgehend von den persönlichen Fähigkeiten des Individuums ab. Zuhören erfordert Zeit und eine besondere Bemühung bei der Beachtung des Sprechers und des Kommunikationsprozesses. Verstehe ich wortwörtlich, was der andere sagt? An wen ist seine Bemerkung gerichtet? Auf was bezieht sich der Sprecher? Welche Gefühle möchte er übermitteln? Verstehe ich, was er mitteilen möchte? Verstehe ich die Gefühle und Gedanken, die er tatsächlich zum Ausdruck bringt, ob er es nun merkt oder nicht? Kann ich auf das reagieren, was der Sprecher ausdrücken möchte? Ist mir der Zusammenhang klar, in dem die Bemerkung gemacht wird? Bin ich mir dessen bewußt, daß ich beim Verstehen bestimmter Personen oder bei Kommunikationsvorgängen unter bestimmten Bedingungen besondere Schwierigkeiten habe?

Diese Fragen werden vorgelegt als Andeutung der Art von Vorgängen, mit denen das Zuhören verknüpft ist. Es ist erstaunlich, wenn man feststellt, wie selten Menschen untereinander nachzuprüfen pflegen, ob sie einander richtig verstanden haben. Wenn man sehr mit seinen eigenen

Gedanken und Ängsten beschäftigt ist, kann man im Zuhören gestört sein, ebenso, wenn man wichtige Gruppenprozesse nicht bemerkt. Wenn Individuen lernen, miteinander zu arbeiten, entdecken sie viele Möglichkeiten der Überprüfung (Feedback), so daß Entstellungen („Mißverständnisse") auf ein Minimum reduziert werden. In gewisser Weise wird die reifende Gruppe zu einer sich selbst korrigierenden Einheit. Auch hier lassen sich durch den Vergleich von Aufzeichnungen der Gruppen-Interaktionen in einer frühen und in einer späteren Phase Fortschritte feststellen. Manchmal können hochbrisante Fragen die Fähigkeit der Gruppe zur Selbstkorrektur der Gruppenkommunikation herabsetzen. In solchen Fällen kann es nützlich sein, eine gut geeignete Person als Beobachter einzusetzen (oder, wenn nötig, eine solche Person von außen heranzuziehen). Der Beobachter kann dann der Gruppe helfen, ihren sich selbst korrigierenden Kommunikationsprozeß wieder ins Lot zu bringen.

Humor, Gerüchte und das Unbekannte im Gruppenleben

In dieser Skizze werden der Humor und das Gerücht als spezielle Manifestationen des Kommunikationsprozesses behandelt. Sozialpsychologen haben die Gerüchtbildung und die Verbreitung von Gerüchten untersucht, besonders in Kriegs- und Krisenzeiten. Gerüchte entwickeln sich gewöhnlich dann, wenn ein starkes Bedürfnis besteht, zu wissen, was vor sich geht, und wenn zugleich, aus verschiedenen Gründen, Informationen und Kommunikation eingeschränkt sind. Zensurmaßnahmen während des Krieges und Unterbrechungen der Kommunikation bieten der Gerüchtbildung fruchtbaren Boden. Gerüchte spiegeln Ängste und Hoffnungen der Individuen wider, die versuchen, sich das, was sie nicht wissen, aus dem wenigen, was sie wissen, zusammenzureimen. Das Ertragenkönnen von Ungewißheit und Nichtwissen ist sowohl ein Persönlichkeitsmerkmal als auch eine Funktion des Gruppenverhaltens. Da uns niemals alle oder auch nur der größte Teil der Gefühle interagierender Gruppenmitglieder bekannt sein können, und da die meisten Gruppen sich ständig verändern, während sie neue Probleme bearbeiten, erzeugt die Gruppensituation fortwährend Gerüchte. Man kann Gerüchte als ein Mittel ansehen, um die Gruppe zu strukturieren. Unausgesprochene Gefühle im allgemeinen und schweigende Mitglieder im besonderen pflegen gewöhnlich zur Gerüchtbildung anzuregen. Gerüchte gedeihen ebenfalls um Bereiche mit hohem Potential, d. h. im Umfeld von Personen oder Untergruppen, die einen starken Einfluß ausüben.

Auch der Humor kann mit Spannungen in der Gruppe und mit dem Unbekannten zu tun haben. Gruppenrelevante Gefühle können, wenn sie plötzlich und in einer nicht zu bedrohlichen Weise ans Licht gebracht werden, eine Gefühlsentladung, verbunden mit einem Gefühl der Erleichterung, herbeiführen. Gruppen bringen oft Themen oder Prozesse hervor, die für das Gruppenleben besonders wichtig sind, und im Zusammenhang mit diesen Themen kann gruppeneigener Humor entstehen. Es werden z. B. Witze darüber gemacht, wer die Initiative ergreift, oder über den Grad der Strukturierung, und diese humorvollen Ereignisse können dann Teil der Gruppenkultur werden. Weil der Humor lebenswichtige Dinge berührt, wenn auch in einer speziellen und begrenzten Weise, erleichtert er die Kommunikation und das Fällen von Entscheidungen. Humor kann natürlich auch dazu dienen, um in der Gruppe Feindseligkeit zum Ausdruck zu bringen, und er kann durchaus auf Kosten einer Person oder auf Kosten von Untergruppen gehen. Humor kann aber auch als ein Mittel zur vorübergehenden Flucht aus der aktuellen Situation dienen. Wahrscheinlich sind den Arten von Prozessen, mit denen der Humor zu tun haben kann, keine Grenzen gesetzt. Sowohl die Gerüchte als auch der Humor können ihren Platz außerhalb des physischen Milieus der Gruppe haben — aber sie haben trotzdem einen gewissen Einfluß auf das Zusammentreffen der Face-to-Face-Gruppe selbst.

Führung und Macht

Eine der wichtigsten Fragen des Gruppenlebens ist die nach der Bedeutung der Führung. Der besondere Einfluß, den ein Individuum auf andere ausübt, hat die Menschen während ihrer gesamten aufgezeichneten Geschichte fasziniert und ihnen Rätsel aufgegeben. In der kleinen Face-to-Face-Gruppe hat man das Phänomen der Führung im natürlichen und im experimentellen Milieu untersucht. Es hat ausnahmslos zu tun mit Fragen wie der Macht, zu belohnen und zu strafen, der physischen und organisationellen Umwelt, der Art der Probleme oder der Arbeit, mit denen sich die Gruppe konfrontiert sieht, dem Wissen und dem speziellen Können der Mitglieder, und mit Persönlichkeitsvariablen beim Führer und bei den Gefolgsleuten. Man hat das Führungsverhalten in seiner Bezogenheit auf die kulturellen und historischen Bedingungen erforscht, in die die Gesamtsituation eingebettet ist, in bezug auf die Kommunikation oder die Mittel der Beeinflussung, in bezug auf offenkundige und verdeckte Aspekte des Verhaltens von Führer und Gefolgschaft und in bezug auf die Psychogenese des Führungsverhaltens in der Familie (20). Andere Studien richten ihr Augenmerk auf spezielle Probleme in hierarchischen Organisationen (45), auf führerlose Gruppen, verteilte Führungsfunktionen, Konsensus und „Moral“, autokratischen, demokratischen und „laissez-faire“-Führungsstil und auf Ausbildung (Training) von Führungskräften.

In einem Laboratorium, wo heterogene Gruppen in einem unstrukturierten Milieu zu funktionieren beginnen, entstehen immer auch Führungsprobleme. Diese Probleme bleiben wichtig, solange die Gruppe existiert, sind aber besonders in der Eröffnungsphase bedeutsam, wenn der nominelle Gruppenleiter deutlich zu erkennen gibt, daß er die traditionelle Führerrolle nicht spielen wird. Die Gruppenmitglieder können dadurch erheblich frustriert werden, da ihre vernünftigen Erwartungen nicht erfüllt werden. Sie stellen jedoch bald fest, daß sie auch dann funktionieren können, wenn sie auf ihre eigenen Mittel angewiesen sind, und daß sie außerdem erleben und beobachten können, wie Führungsphänomene entstehen. Die Situation stabilisiert sich in bezug auf Macht und Führung bald genügend, so daß die Gruppenmitglieder feststellen, daß sie ganz adäquat arbeiten und zugleich mehr vom Führungsverhalten verstehen lernen können. Indem man die Gruppenmitglieder zu geeigneten Zeiten auf die Führungsprozesse aufmerksam macht, hilft man ihnen, diese Verhaltensweisen und Gedanken besser zu verstehen, während sie aktuell am Fällen von Entscheidungen beteiligt sind. Lewin erklärt: „Neue Versuche haben gezeigt, daß die Ausbildung von Führungskräften in hohem Maß davon abhängig ist, daß ihre soziale Wahrnehmungsfähigkeit geschärft wird. Der gute Führer ist fähig und bereit, subtilere Veränderungen in der sozialen Atmosphäre wahrzunehmen, und seine Beobachtungen sozial bedeutsamer Vorgänge sind richtiger“ (32).

Führungsverhalten — Zusammenfassung

a) Die Suche nach speziellen Merkmalen der Führerpersönlichkeit hat keine überzeugenden Ergebnisse erbracht. Das gilt ebenso für die Intelligenz als auch für die sogenannte charismatische oder magische Eigenschaft des Führers.

b) Situations- und organisationsbedingte Faktoren wie die Übertragung von Autorität, die Macht, zu belohnen und zu strafen, kann man bei der Ermittlung der Bedeutung und der Stellung der Führerschaft nicht übersehen.

c) Eine wichtige Variable scheint die Fähigkeit zu sein, zu spüren, zu merken, was in einem selbst vor sich geht und was in der Gruppe oder Organisation geschieht.

d) Fähigkeit und Kompetenz, zur *Aufgabe* der Gruppe wie auch zu den *emotionalen* Prozessen beizutragen, scheinen signifikante Eigenschaften zu sein. Diese beiden Arten von Fähigkeiten können auf verschiedene Individuen in der Gruppe verteilt sein.

e) Eigenschaften der Gefolgsleute können die Wahl der Führung beeinflussen. Die *autoritäreren* Mitglieder werden vielleicht starke Führung durch eine Person fordern, während die *egalitäreren* Mitglieder dazu neigen, Führer zu schätzen, die für individuelle und Gruppengefühle empfindlich sind (50).

f) Es kann sogar zur Rolle des Führers gehören, der Gruppe als Sündenbock zu dienen.

g) Mit wachsendem Interesse untersucht man die Verteilung von Führungsfunktionen auf die Gruppenmitglieder.

h) Eine Methode, die Führungsrolle zu identifizieren, die mit der Feldtheorie übereinstimmt, bietet die These, dasjenige Gruppenmitglied sei ein Führer, „dessen relevantes Bezugssystem eine andere Person oder Gruppe anzunehmen bestrebt ist" (43).

i) Manche Autoren sehen autoritären und egalitären Führungsstil als Dimensionen auf einem Kontinuum (51). Sie weisen darauf hin, es sei möglich, eine Form der Führung zu wählen, indem man genau feststellt, was die Organisationsstufe erfordert, und unter welchen Bedingungen der Führung und Freiheit die Individuen am besten arbeiten können.

j) In der Pionierstudie über Führungsverhalten in verschiedenen experimentell hergestellten Gruppenatmosphären stellten Lewin, Lippitt und White (35) fest:

1. *Autokratische* und *Laissez-faire* Gruppen waren in ihrer Arbeit nicht so originell wie *demokratische* Gruppen. Die Autokratie war auch nicht leistungsfähiger als die Demokratie.
2. In autokratischen Gruppen war mehr Abhängigkeit und weniger Individualität zu finden.
3. Unter dem demokratischen Leiter gab es mehr Freundlichkeit und Gruppengeist.
4. Unter autokratischen Leitern war in den Gruppen mehr offenkundige und verdeckte Feindseligkeit und Aggression zu finden, darunter auch Aggression gegen Sündenböcke.
5. Wenn diese Studie auch in einer Gemeinde des amerikanischen Mittelwestens mit zehnjährigen Jungen durchgeführt wurde, und wenn auch Autokratie, Demokratie und Laissez-faire-Atmosphäre simuliert

waren, stimmen die Ergebnisse in genügend hohem Maß mit anderem überein, was wir über Gruppen wissen, um zu weiteren Überlegungen und Versuchen zu ermutigen.

Die Korrosionswirkung der Autorität auf menschliche Beziehungen

Man kann Autorität zwar als einen wesentlichen Aspekt des Führungsverhaltens und der sozialen Organisation ansehen, aber ihr Mißbrauch kann interpersonale Beziehungen ernsthaft stören. Einige Beispiele für ein Verhalten, das Korrosion durch Autorität anzeigt, führen wir in einer verkürzten Zusammenfassung auf. Diese Symptome kommen natürlich nicht ausschließlich in Autoritätsbeziehungen vor.

a) Errichten von Barrieren: Die Autoritätsperson beginnt, sich von anderen mehr als nötig abzukapseln; Sekretärinnen, besondere Büros, bürokratische Zeremonien usw.

b) Verwendung von Menschen als Werkzeuge: Tritt zu anderen in Beziehung, als seien sie Instrumente, die dazu dienen müßten, seinen Willen zu verwirklichen, unpersönlich, entmenschlichend.

c) Kein Bedürfnis der Selbstkontrolle: Handelt willkürlich; sieht keine Notwendigkeit der Kontrolle, denn diese Autorität glaubt, sie könne nichts falsch machen. Die Richtigkeit seines Verhaltens ist für diesen Menschen selbstverständlich.

d) Exklusiv, beschränkt sich auf seinesgleichen: Tritt zu anderen je nach ihrer Position in der Hierarchie in Beziehung; glorifiziert die Elite, verhält sich herablassend gegen Untergebene.

e) Spezialsprache: Benützt Wörter, Abkürzungen und Bezeichnungen auf spezielle Weise, Bundes- oder Organisations-Slang, Umschreibungen, redet um eine Sache herum.

f) Schaltet Opposition aus: Ernsthafter Widerspruch wird nicht geduldet; zerstört oder unterwirft den Andersdenkenden, keine langfristige Austragung von Meinungsverschiedenheiten.

g) Pseudo-Demut: Zuzeiten gönnerhaft und überfreundlich, ein andermal gleichgültig.

h) Regeln und Konformität: Besteht auf einem ständig wachsenden Kodex von Regeln und Vorschriften; betont konventionelle Verhaltensweisen und Konformität; neigt dazu, das Risiko der Veränderung zu meiden.

i) Malt schwarzweiß: Die Dinge sind falsch oder richtig, ja oder nein, gut oder schlecht; es gibt wenig Grautöne, wenn überhaupt; kann Vieldeutigkeit nicht ertragen.

j) Keine echten Beziehungen zu Untergebenen: Sucht sich Menschen aus, die ihm zustimmen, selbst wenn sie anderer Meinung sind; zieht Lobhudelei vor; sucht sich Schmeichler aus.
k) Wenn er Angst bekommt, greift er hart durch: Arbeitet schwer; greift zu disziplinären Maßnahmen; benützt Macht auf eine Weise, die geeignet ist, Angst zu leugnen; vergräbt sich in der Arbeit, ist aber nicht wirklich produktiv.
l) Ist anti-intrazeptiv: Verleugnet den weicheren Teil seines Selbst, d. h. Gefühle im allgemeinen und Dinge wie Zärtlichkeit, passive Bedürfnisse; psychische Prozesse wie Abwehrmechanismen und Konflikte mit dem eigenen Selbst werden geleugnet.

Habeas Emotum *

Ein Schritt, der den Fortschritt des Menschen aus dem finsteren Mittelalter anzeigte, war die Formulierung der Habeas-Corpus-Akte etwa im zwölften Jahrhundert. In ihrer frühesten Form ermöglichte sie es einem Menschen, das Urteil durch Kampf zu vermeiden und ein Urteil eines Geschworenengerichts zu erlangen. Später wurde die Habeas-Corpus-Akte im englischen Recht fest verankert, um alle Formen des illegalen Freiheitsentzugs zu beenden. Die Worte „habeas corpus" bedeuten wörtlich „du solltest den Körper haben ..."; es sind die Einführungsworte der Rechtsvorschrift, die darauf abzielte, eine Partei vor ein Gericht oder einen Richter zu bringen. In den Vereinigten Staaten haben wir die Idee des Habeas Corpus, eingebettet ins allgemeine Recht, geerbt, und sie wurde in die Bundesverfassung und in die Gesetze der meisten Bundesstaaten eingebaut.

Aber diese Akte bezieht sich auf die körperliche Freiheit des Menschen, und wir stellen hier die Frage, ob wir das Prinzip der psychischen Freiheit in einer Akte des *habeas emotum* geltend machen müssen? Die Gerichte befassen sich heute mit Problemen des Zivil- und Wirtschaftsrechts, des politischen und des körperlichen Rechts, und der Bereich der Gefühle wird dem Privatleben überlassen — so sollte es auch sein. Aber der Mensch scheint sich nach einem Sinn für Gerechtigkeit bei der Ausübung seiner psychischen Freiheit zu sehnen, vor allem heute, da wichtige Institutionen der Familien- und Gemeindetradition sich so rasch verändern.

---

* Luft, J.: „Habeas Emotum" in NTL *Human Relations Training News,* Frühjahr 1963

Wo kann er sich gerechtes Gehör verschaffen, ganz zu schweigen von einer nicht übereilten Reaktion auf diese Mischung von Gedanken und Gefühlen, die seinem Selbstsein so nahe ist? Ist es nicht so, daß alle menschlichen Beziehungen sich unausgesprochen auf irgendeinen Rechtskodex stützen? Schließlich ist das eine Methode, um zu zeigen, daß uns wirklich etwas daran liegt, und diese Verantwortlichkeit ist wichtig für Gefühle der Zugehörigkeit zu anderen und ebenso für das eigene Selbstsein.

In einem Vortrag hat der Autor vor kurzem darauf hingewiesen, daß die Tätigkeit einer Trainingsgruppe manchmal, metaphorisch gesprochen, einem Gerichtsverfahren gleichkommt. In ihr spielt sich ein Prozeß ab, bei dem jedes Mitglied, einschließlich des Gruppenleiters, als Staatsanwalt, Angeklagter, Zeuge, Richter und Geschworener mitwirkt, nicht als alles zugleich, aber schließlich spielt jedes Mitglied einmal jede Rolle. Verhaltensindizien werden reichlich geliefert, Beschuldigungen werden erhoben, Anklagen werden formuliert, Gegenklagen werden entwickelt, die Beweisaufnahme wird geführt, Zeugen sagen aus, Urteile ergehen und werden wieder aufgehoben, wenn neues Beweismaterial auftaucht, wenn Regeln geschaffen werden, wenn man sich auf implizite Gesetze einigt und eine Rechtsform anerkannt wird.

Der Trainer wird zunächst als Richter angesehen, dann als Geschworener und schließlich als sachverständiger Zeuge. Später wird er als spezielles Gruppenmitglied gesehen, das selbst nach dem allgemeinen Gesetz gerichtet wird.

Interpersonale und intrapersonale Konflikte führen zu den bedeutsamsten Beschuldigungen und Gegenbeschuldigungen. Die Gruppenmitglieder teilen sich und nehmen Partei, manchmal offen, häufig versteckt. Was das Urteil so bemerkenswert macht, ist die Tatsache, daß die Mitglieder nach Maßstäben beurteilt werden, die sie zumindest teilweise selbst geschaffen haben.

Jeder hat schon vorher einmal geirrt und versagt. Nun hat jeder eine neue Chance. Obwohl jeder einzelne seinem eigenen Maßstab nicht ganz entspricht und auch so beurteilt wird, wird jeder freigesprochen.

Die häufigsten Verbrechen sind emotionelle Verstöße gegen andere. Die schlimmste Missetat ist eine Verletzung des eigenen Selbst. Im letzteren Fall stellt das Opfer gewöhnlich die strengsten Normen für Beweise und Gerechtigkeit auf. Staatsanwalt und Angeklagter stecken hier in der gleichen Person.

Es ist paradox, daß diese Art von Prozeß und diese Urteilsfindung erst stattfinden, nachdem eine nicht-gerichtsmäßige Atmosphäre hergestellt worden ist — was nur bedeutet, daß die oberflächlicheren Gebräuche der gemeinsamen Kultur beiseitegekehrt oder als selbstverständlich angesehen werden. *Man ist auf der Suche nach einer psychischen Ordnung, und eine Art von universellem, verfassungsmäßigem Recht wird schließlich erkannt: ein Grundrecht des Menschen und seiner Gefühle. Das Kennzeichen einer Gruppe ist das Maß, in dem sie sich um menschliche Gefühle kümmert. Das Recht auf die eigenen Gefühle und das Recht, sie auszudrücken, sind das A und O. Die Wahrnehmung der Gefühle anderer ist von hohem Wert. Die Ausübung dieser so begründeten Rechte schafft ein tiefes Gefühl der Freiheit.* Und das Individuum stellt fest, daß es lernt und sich verändert, während seine impliziten und expliziten Äußerungen bemerkt, bedacht und mit Reaktionen beantwortet werden. Es ist daher auch kein Wunder, daß Fremde, die an diesem Prozeß teilhaben, rasch zu wichtigen Personen werden.

Selbst einfache, alltägliche Kontakte zwischen Menschen sind höchst komplex und hinterlassen oft einen Bodensatz von Mißverständnissen und emotionalem Schutt. Auf Grund eines allgemeinen, nicht verbalisierten Übereinkommens übersehen wir viele dieser geringfügigen Ungereimtheiten. Aus Erfahrung wissen wir, daß fremde Probleme auf Situationen einwirken können, die nichts mit ihnen zu tun haben. Z. B. wird Herr A. von seinem Kollegen kühl und mürrisch begrüßt; Herr A. ist verwundert, schreibt die Kühle aber einem Ereignis zu, das zu Hause oder vielleicht auf dem Weg ins Büro eingetreten sein mag. Aber es besteht immer die Möglichkeit, daß diese einfachen Ungereimtheiten für die interagierenden Personen signifikant und treffend sind. Wo und wann kann man jemals Aufklärung über sie bekommen? Selbst bei Menschen, die wir gut kennen — oder vielleicht gerade bei Menschen, die wir gut kennen —, gibt es immer große Bereiche von Ungereimtheiten oder Unbekannten in unseren Interaktionen mit ihnen. Und diese Mißverständnisse erzeugen einen gewissen Anteil von Fehlurteilen.

Wenn wir einmal vom Zusammenhang von Urteilen und Gerechtigkeit mit dem Gesetz und den Gerichten absehen und an ihre Einbettung ins tägliche Leben denken, können wir sofort unzählige Arten bemerken, auf welche Urteile und Gerechtigkeit gefordert und beschworen werden.

Manche Arten von Kinderspielen erfordern mehr Urteil und Gerechtigkeitssinn als andere; z. B. das Fußballspiel auf dem Spielplatz im Vergleich zur Untersuchung eines Ameisenhaufens oder zum Spiel „Vater, Mutter und Kind". Kinder scheinen ein feines Empfinden dafür zu haben, was gerecht und was ungerecht ist. Davon ist gar nicht so weit entfernt, daß ein Mann bei seiner Arbeit ausnahmslos nach fairer Beurteilung verlangt und erwartet, daß alles anerkannt wird, was er tut.

Natürlich wird nicht jede einzelne seiner Handlungen beurteilt oder gewertet — dies ist weder zu machen noch wünschenswert —, aber tief in ihm steckt eine Sehnsucht nach dieser fairen Anerkennung.

Noch mehr jedoch gehört zum Habeas Emotum, daß Gefühle, im Unterschied zur Arbeit, weder überlegt geplant noch überlegt geäußert werden. Sie sind von Natur aus spontan und steigen oft ohne Vorwarnung auf. Aber sehnt sich nicht jeder einzelne nach einer Annahme dieser Gefühle, besonders wenn sie negativ oder schwierig sind, auf fairer und gerechter Grundlage? Und das bedeutet eine Gelegenheit, ohne Eile angehört zu werden, und, wenn nötig, eine Prüfung der Begleitumstände.

Im Alltagsleben hat man gewöhnlich, wie schon gesagt, weder Zeit noch Neigung, oft auch nicht die Fähigkeit, dem Ausdruck von Gefühlen volle und faire Anerkennung zu gewähren. Darum verbergen, verdecken oder beherrschen wir, besonders die Männer, unsere natürliche Tendenz, uns als ein vollständiges Gesamtwesen auszudrücken, mit unseren Gefühlen und allem, was sonst noch dazugehört.

Die Art, wie wir unsere Gefühle mäßigen und beherrschen, hängt davon ab, wieviel Realität und Fairneß die anderen dem Ausdruck dieser Gefühle zugestehen. Beobachten Sie einmal, wie ein Kind vor Empörung kocht, wenn es zu etwas gezwungen wird, aus Gründen, die es weder kognitiv versteht noch intuitiv erfaßt.

Vielleicht ist die Sehnsucht nach Fairneß oder Gerechtigkeit in dem Sinn ein Archetypus (Jung), daß sie „aus dem Erfahrungsschatz der Menschheit stammt und im Unbewußten des Individuums vorhanden ist". In keinem ist sie vollkommen, und sie kommt natürlich in verschiedenen Kulturen in vielfältigen Formen vor. Aber im Grunde scheint dieses Gerechtigkeitsgefühl in allen Menschen zu existieren — in der einen oder anderen Form. Wo dieses Gefühl stark entstellt oder verstümmelt ist, gilt das als ein wichtiges pathologisches Symptom, sowohl beim Individuum als auch bei der Gesellschaft.

Man kann vielleicht sagen, der Zerfall einer Gesellschaft falle zusammen mit der Rücksichtlosigkeit gegenüber den emotionalen Rechten anderer. Es wird zwar anerkannt, daß psychische Ungerechtigkeit überall in der Geschichte und höchstwahrscheinlich in den meisten Kulturen zu finden ist, aber es besteht wenig Zweifel, daß dort, wo sie weit verbreitet ist, die Gesellschaft in ernsthaften Schwierigkeiten ist. In Theaterstücken, Romanen und in der Lyrik finden wir oft am klarsten herausdestilliert, was Vergewaltigung von Gefühlen bedeutet. Da viele Menschen auch heute noch Gefühle anachronistisch erleben und anachronistisch über sie denken — d. h. eher dem finsteren Mittelalter entsprechend als der Gegenwart —, ist es nicht verwunderlich, daß emotionale Barbarei weit verbreitet ist.

Ein Gefühlsaustausch braucht nicht auf harmlose, milde, verhaltene Beziehungen beschränkt zu bleiben. Authentische Gefühle sind immer heftig. Aber überall, wo Menschen emotional interagieren, gibt es eine Zeit für diese Art informellen Zuhörens und für das Verlangen nach Fair Play. Schließlich ist das Leben für Menschen da, für Menschen mit Gefühlen.

In dieser kurzen Abhandlung beschränken wir die Diskussion so weit wie möglich auf die besondere Art von „Gerichtssaal-Phänomen", das in einer Kleingruppe im Laboratorium zustande kommt. Es ist natürlich nicht das einzige Signifikante, was in einer Trainingsgruppe geschieht. Wenn man die metaphorische Habeas-Emotum-Akte anruft, bedeutet dies, daß die Gruppe für eine Weile ihre anderen Tätigkeiten beiseite legt und demjenigen den Vorrang einräumt, der eine faire und offene Anhörung verlangt.

Habeas Emotum weist auf das Recht des Individuums auf seine eigenen Gefühle hin; es bedeutet auch, daß das Individuum ein Recht hat, diese Gefühle frei auszudrücken, es sei denn, man könnte ihm beweisen, daß es dadurch die emotionale Freiheit anderer einschränkt. Derartige Konflikte sind unvermeidlich; sie verdienen, fair gehört zu werden, in einer Weise, die der Bedeutung dieser Gefühle für die betroffenen Individuen entspricht. Der größte Spielraum wird den kämpfenden Parteien eingeräumt. Bei der Suche nach psychischer Gerechtigkeit bringen neue Interaktionen zusätzliche Daten und Beweise ans Licht, und die Vorgänge des Sammelns und Abwägens von Eindrücken und Beobachtungen sind von größter Bedeutung. Die „gerichtliche Untersuchung" verlangt sowohl tiefe Anteilnahme als auch objektive Beobachtung, eine höchst schwierige Kombination. Die Qualität des Übereinkommens hängt vom Kaliber der Personen in der Gruppe ab, aber noch wesentlicher wird sie bestimmt von der Art der verwendeten Verfahrensweisen.

5. Kapitel

Gruppenprozesse in der Industrie

Eine der wichtigsten Untersuchungen, die die Aufmerksamkeit auf die Bedeutung informeller Gruppen im Milieu einer großen Organisation lenkte, war die bahnbrechende Arbeit von Mayo (39) und seinen Mitarbeitern. Von 1927 an versuchte Mayo, in einer großen Elektroartikelfabrik Beziehungen zwischen physikalischen Arbeitsbedingungen und der Produktivität der Beschäftigten zu finden. Er richtete eine Kontrollgruppe und eine Versuchsgruppe ein und ging daran, die physikalischen Variablen Licht, Wärme und Feuchtigkeit systematisch zu variieren. Als er diese Bedingungen verbesserte, stieg die Produktion, als er aber die ursprünglichen Bedingungen wiederherstellte, bemerkte er zu seiner Überraschung, daß die Arbeitsleistung weiter auf einem hohen Niveau blieb. Erst dann prüfte er mit seinen Mitarbeitern die Einstellungen der Arbeiter dieser Gruppe. Sie stellten fest, daß die Arbeitsmoral recht hoch war, teils, weil die üblichen Aufseher fehlten, teils, weil die Arbeiter sich freuten, daß sie ausgesucht worden waren und die besondere Aufmerksamkeit der Versuchsleiter sich ihnen zuwandte. Diese Veränderung in der Einstellung der Arbeiter schien wichtiger zu sein als Veränderungen der physikalischen Arbeitsbedingungen. Die Ergebnisse machten aufmerksam auf die Bedeutung von Prozessen in kleinen Gruppen, die informell außerhalb der formellen Struktur und Organisation der Fabrik existieren.

Eine weitere Feststellung machte Mayo durch Tiefeninterviews mit einer großen Zahl von Arbeitern. Es kam zum Vorschein, daß trotz eines scheinbar guten Systems der Personalpolitik viele der Beschäftigten vielerlei Klagen und Beschwerden hatten. Man erfuhr, daß eine Unterströmung von wichtigen Einstellungen und Gefühlen existierte, von denen das Aufsichtspersonal und die leitenden Angestellten nichts wußten. Außerdem wurden Niveau und Normen der Produktion stärker von diesen informellen Gruppen bestimmt als von der Werksleitung. Die Arbeiter bemühten sich, von ihren informellen Gruppen akzeptiert und gebilligt zu werden, um nicht soziale Ablehnung und Ausstoßung zu riskieren. Manchmal war der Druck, sich gemäß den Gruppennormen zu benehmen und die Billigung der Gruppe zu gewinnen, wichtiger als finanzielle Belohnung.

Industriemanager begannen aufs neue zu entdecken, daß der Arbeiter ein menschliches Wesen war, und daß man seine Gefühle und Einstellungen nicht außer acht lassen durfte. Der Industriearbeiter war nicht länger eine besondere Art von Maschine, er war kein Sklave und kein Leibeigener, sondern ein Individuum, dessen soziale und psychische Bedürfnisse die politischen und weltanschaulichen Wertvorstellungen der Gesellschaft widerspiegelten, in der es lebte. Die Industrie wandte sich an Soziologen und Psychologen, um mehr über diese informellen Gruppen zu erfahren, wie ihre Einstellungen sich bilden und wie Entscheidungen gefällt werden (27). Während einige Manager nur nach neuen Wegen suchten, um ihre Arbeitnehmer mit Hilfe des von den Sozialwissenschaftlern gewonnenen Wissens zu manipulieren und zu beherrschen, versuchten die meisten, ihre Industrie-Organisationen besser zu verstehen. Auch die Arbeiter begannen, über ihre Gewerkschaften Experten der verschiedenen Disziplinen heranzuziehen, die ihnen helfen sollten, ihre Probleme bei der Leitung ihrer eigenen Verbände und beim Aushandeln von Tarifverträgen zu verstehen.

Verschiedene Universitäten im ganzen Land haben versucht, diese Forderungen zu erfüllen, indem sie der Erforschung zwischenmenschlicher Beziehungen in der Industrie mehr Aufmerksamkeit zuwandten. Die *Harvard Business Review* z. B. zeichnet sich dadurch aus, daß sie Artikel und Studien aus diesem Bereich veröffentlicht. Die *Society for the Advancement of Management* arbeitet auf vielfältige Weise mit Sozialwissenschaftlern zusammen; dazu gehört auch die Veranstaltung von Arbeitswochen und Seminaren, um mehr über die Kunst und Wissenschaft der Zusammenarbeit mit anderen zu lernen.

Ein alter Galizier sagt: Wenn jemand ehrlich zu 55 % recht hat, dann ist das sehr gut, und es hat keinen Zweck, zu streiten. Und wenn jemand zu 60 % recht hat, dann ist das wunderbar; er hat großes Glück, und er sollte Gott danken. Aber was soll man sagen, wenn einer zu 75 % recht hat? Kluge Leute sagen, das ist verdächtig. Gut, und was ist, wenn einer zu 100 % recht hat? Wer immer behauptet, er habe hundertprozentig recht, ist ein Fanatiker, ein Räuber und der allerärgste Schuft. (Abgedruckt in Contemporary Psych., Febr. 1960.)

6. Kapitel

Gruppendynamik und klinische Psychologie

Seit Freuds „Psychopathologie des Alltagslebens“ (21) erscheint die kultivierte Form der Idiosynkrasien des Menschen in einem neuen Licht. Beispiele wie das folgende sind nichts Ungewönliches, und fast jeder kann aus seinem eigenen Erfahrungsschatz ähnliches beisteuern. Am Anfang der Versammlung eines konservativen Frauenklubs wurde kürzlich ein prominenter Radikaler von der Vorsitzenden mit dem folgenden Versprecher angekündigt: „... Mit großem Vergnügen möchte ich den geschätzten Redner ...“ (und dann sagte sie *prevent,* also „verhindern“, anstatt *present,* „vorstellen“)... Freud trug zur Erklärung des menschlichen Verhaltens eine reichfließende Quelle neuer Ideen, neuer Hypothesen bei.

Fehler, Versprecher, Erinnerungslücken und viele andere „kleine Schwächen“ ließen sich nun im Einklang mit dem unbewußt zugrundeliegenden zweckvollen Verhalten des Individuums sinnvoller deuten. Hier liegt natürlich eine Gefahr, denn nicht jeder ist in bezug auf Geschick und Sensibilität seiner Deutungen ein Freud. Wenn wir diese Ideen als Hypothesen sehen, die man im Vergleich mit anderen Beobachtungen und Hypothesen kontrollieren und überprüfen könnte, dann können wir erkennen, daß zum Verstehen des Verhaltens ein echter Beitrag geleistet worden ist.

Die Kliniker haben in der Psychologie und in der Psychiatrie fortwährend mit größeren und kleineren Abweichungen menschlichen Verhaltens von der Norm zu tun. Es ist immer deutlicher geworden, daß die Unterschiede zwischen dem Normalen und dem Abnormen eher quantitative als qualitative Unterschiede sind.

Die große und ständig wachsende Erfahrung mit der Untersuchung und Behandlung der Gestörten, der Angsterfüllten und der Kranken hat unser Verständnis für die Normalen und Gesunden verbessert. Das heißt nicht, daß jede menschliche Handlung von einem klinischen Standpunkt aus betrachtet werden sollte. Es bedeutet vielmehr, daß wir uns immer mehr von der Tendenz befreien, Verhalten als richtig oder falsch, krank oder gesund, gut oder schlecht anzusehen, und es einfach als menschliches Verhalten ansehen, wie es wirklich ist. Die Art, wie der Kliniker Verhalten versteht, bewegt sich immer weiter fort von den Kategorien und Typen, die ihn noch bis vor ziemlich kurzer Zeit vorwiegend beschäftigt haben. Der Fachmann versucht das Verhalten in seiner ganzen Komplexität zu erfassen, in dem, was man die „Psychodynamik“ nennt, anstatt seinem Patienten ein Etikett, eine diagnostische Kategorie aufzukleben.

Die wichtigsten Abteilungen in der Arbeit des klinischen Psychologen heißen Diagnose, Therapie und Forschung. Wie die Spezialisten der Gruppendynamik ist auch er sich der ungeheuren Lücken in seinem Wissen schmerzlich bewußt, ebenso der Vorläufigkeit des größten Teils seiner heutigen Auffassungen, und aus diesem Grund betont er mit höchstem Nachdruck die Notwendigkeit weiterer Untersuchung, weiteren Lernens und weiterer Forschung. Trotzdem ist es nötig, die besten der zeitgenössischen Ideen und Auffassungen versuchsweise zusammenzustellen, wenn auch einige der Forschungsergebnisse von morgen einiges von unserem heutigen Wissen ungültig machen mögen.

Die Arbeit der Gruppendynamiker läßt sich etwa in gleicher Weise aufteilen wie die der Kliniker. Diagnose bedeutet hier Beobachtung (gewöhnlich als „teilnehmender Beobachter“), Messung (Einstellungsskalen, soziometrische Verfahren) und Beurteilung des Verhaltens in der Gruppe. Diagnose bedeutet, daß man versucht, mit allen verfügbaren Hilfsmitteln und Techniken die Interaktionen von Gruppenmitgliedern zu verstehen. Das Endprodukt der Diagnose des Gruppenverhaltens läßt sich genau mit dem des modernen Klinikers vergleichen — besseres Verstehen der Dynamik des Gruppenlebens. Es geht nicht um ein Etikett, eine Zahl, einen Typus, sondern es geht darum, gemeinsam mit den Gruppenmitgliedern eine genaue Beschreibung des Beobachteten zu erarbeiten, zugleich eine sorgfältig formulierte Reihe von Hypothesen über die Bedeutung des Verhaltens.

Für den Kliniker ist die zweite große Abteilung seiner Arbeit die Therapie; für den Gruppendynamik-Spezialisten bedeutet dies, daß er den Gruppenmitgliedern hilft, genauer zu erkennen, was sie tun wollen, und mit welchen Methoden sie ihren Zielen näherkommen könnten. Dies gilt besonders für Laboratoriumsgruppen. Sehr häufig, wenn die Gruppe in erster Linie eine Arbeitsgruppe oder eine Gruppe mit einer bestimmten Aufgabe ist, besteht das Ziel darin, die Effektivität zu steigern und zugleich die Befriedigung des einzelnen Mitglieds zu erhöhen. Genau wie der moderne Kliniker weiß, daß es nicht seine Aufgabe ist, die Pläne zu machen oder die Entscheidungen zu fällen, sondern dem Patienten zu helfen, seine eigenen Probleme durchzuarbeiten, so erkennt auch der Gruppendynamiker, daß die Gruppenmitglieder am besten selbst ihre Ziele aufstellen, ihre Probleme durcharbeiten und ihre eigenen Entscheidungen fällen können.

Die Beziehungen zwischen Diagnose und Behandlung

Für den Kliniker sind Diagnose und Psychotherapie tatsächlich untrennbare Prozesse. Während der Therapeut mehr über die Probleme und die Vorgeschichte des Patienten erfährt, arbeitet der Patient schon an dem Versuch, auszudrücken, was er empfindet und wie er seine Probleme versteht. Durch sorgfältig gezielte Interventionen, durch Klärung, Widerspiegelung und Deutung fördert der Therapeut besseres Verstehen. Jede neue Einsicht des Patienten, jede Veränderung der Gefühle ist begleitet von neuen Gedanken, neuen Erinnerungen. Diese therapeutischen Veränderungen im Patienten rufen auch beim Therapeuten neue Gedanken und Gefühle hervor, so daß er nun *sein* Verständnis für die Psychodynamik seines jeweiligen Patienten verbessern kann.

Auch in der angewandten Gruppendynamik stellen wir fest, daß das Diagnostizieren des Problems und das Anpacken des Problems untrennbar sind. Je mehr die Gruppe über ihre eigenen Prozesse herausbekommt, desto mehr Informationen und Gefühle lassen sich ans Tageslicht bringen. Der Gruppenberater kann dann fortfahren, sein Bild von der Dynamik dieser Gruppe anzureichern und der Gruppe das Verstehen von Gruppenprozessen zu erleichtern. Während neue Einsichten und Informationen zunehmen, geht die Arbeit der Gruppe in Richtung auf die Lösung ihrer eigenen Probleme voran; mit dieser Veränderung gehen in einer fortgesetzten Spirale der Weiterentwicklung zusätzliche Ideen und Gefühle einher.

Klinische Psychologie ist wie die Gruppendynamik sowohl eine theoretische Wissenschaft als auch eine angewandte Kunst. Man hat zwar schon merkliche Fortschritte gemacht, aber beide Bereiche haben noch mit großen und ernsthaften Problemen zu kämpfen, die aus dem Dilemma zwischen der reinen und der angewandten Wissenschaft in ein und demselben Bereich entstehen. Z. B. hat man für den Wert der Psychotherapie bis jetzt keine klaren wissenschaftlichen Beweise erbracht, wenn es auch viele Anzeichen für ihre Wirksamkeit gibt. Trotzdem muß der Kliniker aus vielen Gründen weiterhin therapeutisch arbeiten; einer dieser Gründe ist die Notwendigkeit, auch schon auf Grund des besten verfügbaren Wissens etwas zu tun. Der Kliniker wird, wie Freud feststellte, durch Gelegenheiten zum Studium psychischer Störungen und zur Verbesserung psychotherapeutischer Methoden belohnt. Aber es gibt noch weitere große Probleme — die Ausbildung neuer und besserer Psychotherapeuten, das Problem der Ethik des Praktikers, das dornenreiche Problem der persönlichen Wertvorstellungen, die Pflicht zur Geheimhaltung vertraulicher Mitteilungen, während es zugleich immer mehr nötig wäre, Ergebnisse zu veröffentlichen, so daß eine wissenschaftliche Kontrolle möglich wird. In der Gruppendynamik wird über die gleichen Probleme diskutiert und gestritten, und es bestehen die gleichen Möglichkeiten und Gefahren.

Beiträge Freuds und Rogers'

Freuds Theorien haben auf die Sozialwissenschaften einen so enormen Einfluß ausgeübt, daß es den Rahmen dieser Abhandlung sprengen würde, wollte man eine Zusammenfassung versuchen. Der psychoanalytische Standpunkt ist jedoch im Studium von Face-to-Face-Gruppen fruchtbringend verwendet worden; wir wollen hier kurz darauf eingehen. Psychoanalytiker machen meistens weniger Unterschiede zwischen den Aktivitäten von Psychotherapiegruppen und anderen Arten des Kollektivverhaltens. Das Grundmodell ist natürlich die Familie. Alle Gruppen werden als Abwandlungen des Familienlebens gesehen. Führer werden unter dem Blickwinkel der Psychodynamik in den Eltern-Kind-Beziehungen gesehen. Die größte Bedeutung schreibt man unbewußten Strebungen der Gruppenmitglieder zu. Liebe und Haß, Schmerz und Lust, die Kritik des Über-Ichs im Gegensatz zu den Forderungen primitiver Impulse sind die Grundmotivationen und die grundlegenden Konfliktursachen. Entwicklung und Fähigkeiten des Ichs stellen die Bewältigungsmechanismen der Gruppenmitglieder dar. Psychische Abwehrmechanismen, ihr Entstehen und ihre Auflösung, sind wichtige Prozesse innerhalb der Gruppe. Übertragung und Gegenübertragung unter den Gruppenmitgliedern erklären viele der „Irrationalitäten" und Konflikte. Wenn man auch kulturellen Druck und von außen kommende Forderungen nach Arbeitsleistung als signifikante Kräfte in Gruppenprozessen anerkennt, sind doch die emotionalen Faktoren in der intra- und interpersonalen Dynamik die wichtigsten Determinanten.

Man glaubt, unstrukturierte Gruppen ließen in den Gruppenmitgliedern latente, ungelöste, unbewußte Konflikte aufsteigen. Der Fortschritt besteht darin, daß diese Konflikte in einer Atmosphäre des Gewährenlassens durchgearbeitet werden, so daß mehr Energie und mehr Fähigkeiten auf die Realitäten der Gruppensituation verwendet werden können.

Rogers (44) hat zur klinischen Psychologie und zur Erforschung und Behandlung von Persönlichkeitsstörungen wesentliche Beiträge geleistet. Er erkennt zunächst an, daß er der Vorarbeit Freuds Dank schuldet, dann trennt er sich von der psychoanalytischen Tradition und setzt sich heftig mit den orthodoxen Freudianern auseinander, besonders über die Fragen der unbewußten Motivierung, der Übertragung und des direktiven Eingreifens des Therapeuten.

Rogers ist der Ansicht, das Individuum werde im Grunde von einem inneren Bedürfnis nach Entwicklung (growth), Gesundheit und Selbstverwirklichung geleitet. Persönlichkeitsprobleme entwickeln sich dort, wo die individuelle Freiheit bedroht ist oder gestört wird. Dieser negative Druck verzerrt die Anschauung des Individuums von sich selbst und anderen; er führt zum Verlust von Selbstachtung und Geborgenheitsgefühl. Im gleichen Maß, in dem das Individuum das Vertrauen zu seinen eigenen Gefühlen und Wahrnehmungen verliert, bleiben seine potentielle Entwicklung und seine Selbstverwirklichung zurück. Außerdem fühlt es sich sich selbst entfremdet und entwickelt möglicherweise verschiedene physische und psychische Angstsymptome. Das Problem des Therapeuten besteht darin, die Kommunikation zwischen dem Therapeuten und seinem Klienten zu fördern, so daß der Klient fähig wird, die Gedanken und Gefühle wieder zu entdecken (Einsicht), die wirklich seine eigenen sind. Der therapeutische Prozeß verlangt vom Therapeuten aufmerksamstes Zuhören, damit er die Dinge so sieht, wie der Klient sie sieht, und damit er die Gefühle erkennen kann, die der Klient wirklich auszudrücken versucht. Der Therapeut lenkt oder dirigiert nicht die Gedanken, Gefühle oder Pläne des Klienten. Je geborgener der Klient sich in der Situation des Gewährenlassens fühlt, desto mehr kann er von seinen wahren Gefühlen ans Licht bringen, wenn er sich auch am Anfang von kritischen Gefühlen gegen sich und seinen Selbstwert überschwemmt fühlt. Wenn diese vom Therapeuten ohne Wertung und Deutung angenommen werden, wird der Klient ermutigt, schmerzlichere oder verstecktere Gefühle zu äußern, bis er zu einem ausgeglicheneren Bild von sich selbst gelangt. Die Betonung liegt während der Dauer der Therapie auf der Achtung vor der Selbständigkeit des Klienten; Rogers und seine Mitarbeiter haben festgestellt, daß der Klient so nicht in die schwächende Abhängigkeit gerät, die stärker lenkende Arten der Therapie begleitet.

Für Rogers sind in der Gruppensituation, sei es eine Arbeitsgruppe von Administratoren, ein Seminar oder eine Therapiegruppe, die grundlegenden phänomenologischen Prinzipien im wesentlichen die gleichen. Die Betonung liegt auf der „Selbststeuerung" der Gruppe, auf Gewährenlassen, so daß die Bedrohung herabgesetzt und die Kommunikation gelockert wird, auf der Sensibilität gegenüber Gefühlen und auf der Bedeutsamkeit des Hinhörens auf das, was wirklich zum Ausdruck kommt, anstatt auf einer Deutung des Verhaltens zu bestehen. Diese Prinzipien, die wir hier sehr stark zusammengefaßt haben, werden als Hauptanliegen des Gruppenlebens angesehen; sie ermöglichen es der Gruppe, wenn man sich getreulich an sie hält, ihre eigenen Ziele angemessener zu entwickeln und sich in Richtung auf die Erreichung dieser Ziele fortzubewegen.

Gruppendynamik und Gruppenpsychotherapie

Wenn wir uns für das Studium der Gruppendynamik auf die Laboratoriumsmethode beschränken, könnten wir mit Gewinn erwägen, inwiefern sich gruppendynamische Seminare von Gruppenpsychotherapie unterscheiden. Wir haben schon erwähnt, daß Laboratorien für die Gruppendynamik Bedingungen entstehen lassen, die in mancher Hinsicht denen der Gruppentherapie gleichen. Die Gruppe ist gewöhnlich so klein, daß alle Mitglieder ohne Mühe mit allen anderen sprechen können; das bedeutet gewöhnlich einen Umfang von etwa fünf bis fünfzehn Personen. Die allgemeine Struktur der Gruppen ist auch darin die gleiche, daß nur ein Minimum an Orientierung gegeben wird und ein großes Maß an Ungewißheit herrscht. Auch der erklärte Leiter eines Gruppenlaboratoriums nimmt eine relativ passive Rolle ein, genau wie der Gruppentherapeut.

Es bestehen jedoch trotzdem wichtige Unterschiede. Erstens ist der Pakt (die informelle Übereinkunft) zwischen dem Patienten und dem Therapeuten etwas anderes als die Übereinkunft zwischen dem Gruppendynamik-Studenten und dem Laboratoriums-Instrukteur. Der Patient fordert eine Milderung der psychischen Symptome persönlicher Not; der Student fordert eine Möglichkeit, eine akademische und angewandte Disziplin zu erlernen. Der Patient mag an einer Neurose oder Psychose leiden; der Student ist meistens ein normales, gesundes Individuum, das seine Kenntnisse erweitern und seine Fähigkeit zur Zusammenarbeit mit anderen verbessern möchte.

Zweitens werden im gruppendynamischen Laboratorium Gedanken und Gefühle erforscht, soweit sie einen Einfluß auf die Gruppenprozesse haben. In der Gruppendynamik ist ein gesteigertes Wahrnehmungsvermögen für Gruppenprozesse von entscheidender Bedeutung; dieses wächst, während man mehr über seine eigenen Gefühle und Verhaltensweisen, seine Wirkung auf andere und über die eigenen Beziehungen in der Gruppe erfährt. Es ist relevant, die Einstellungen von Gruppenmitgliedern zur Gruppe zu betrachten; es ist *nicht* relevant, die Ursprünge und frühen familialen Quellen dieser Einstellungen aufzuspüren. In der Gruppentherapie werden die Gefühle von Gruppenmitgliedern untereinander ebenso exploriert wie die frühen familialen Ursprünge. In der Gruppentherapie können Träume und andere projektive Assoziationen offen behandelt werden. In der Gruppendynamik hält man sich strenger an das „Hier und Jetzt“. Tief unbewußte Konfklikte werden im gruppendynamischen Laboratorium weder analysiert noch untersucht.

Drittens sind gruppendynamische Laboratorien von relativ kurzer Dauer; sie erstrecken sich über ein paar Tage oder Wochen oder möglicherweise über ein Semester. Gruppentherapie kann sich über Jahre hinziehen; sie kann auch durch Einzel-Psychotherapie ergänzt werden.

Viertens zielen gruppendynamische Seminare in erster Linie auf kognitive Veränderungen ab, auf das Erlernen von Ideen, Konzeptionen und Theorien, wenn sie auch in einem begrenzteren Sinn ebenfalls an Verhaltens- oder Einstellungsänderungen interessiert sind.

Alexander und French (2) heben in ihrer Erörterung der psychoanalytischen Kurztherapie hervor, daß ein „korrektives emotionales Erlebnis“ für eine Veränderung und Weiterentwicklung der Persönlichkeit wesentlich sei. Sie stellen fest, ein korrektives emotionales Erlebnis komme nicht nur in der Psychotherapie vor, sondern auch im Alltagsleben, wie es z. B. der Held in *Les Misérables* von Victor Hugo veranschauliche. Als Jean Valjean die Silberleuchter des Bischofs stiehlt, der ihm ein Freund war, und später von der Polizei erwischt wird, weigert sich der Bischof, dies als Diebstahl anzusehen, sondern sieht es als Geschenk an einen Mann an, der das Silber notwendiger brauchte als er selbst. Jean Valjean ist von dieser unerwarteten Reaktion überwältigt und sieht sich gezwungen, seinen eigenen Wert zu überdenken. Für ihn ist dies der Beginn großer Veränderungen in seinen Anschauungen und Verhaltensweisen.

Ein korrektives emotionales Erlebnis kann auch bei der formellen Ausbildung eintreten, wenn das auch gewiß nicht alle Tage vorkommt. Es kann in der Familie, im Geschäftsleben oder in der Berührung mit Kunst eintreten. Es kann auch in einem gruppendynamischen Laboratorium vorkommen, wo die Bedingungen für neue Aufschlüsse über die eigenen Beziehungen zu anderen günstig sind.

Die Gruppentherapie kann zum Erwerb neuen Wissens führen, aber das ist kein vordringliches Ziel. Der Student der Gruppendynamik will Prinzipien und Allgemeingültiges lernen, um alle Arten von Gruppen besser verstehen zu können, besonders aber seine Arbeitsgruppe oder seine soziale Gruppe zu Hause. Deshalb bieten die Gruppenlaboratorien Vorträge, Theoriesitzungen und „thematische Seminare“, um die Lerngrundlage zu verbreitern. Außerdem werden in einer Bibliothek oder in einem Leseraum, der ein wichtiger Bestandteil des Laboratoriums ist, Bücher, Zeitschriften und Abhandlungen zur Verfügung gestellt.

7. Kapitel

Der Lehrer und die Gruppenprozesse

Vor über einem halben Jahrhundert erklärte William James (24) den Lehrern, die Wissenschaft der Psychologie habe wenig zu bieten, was ihnen bei ihrer täglichen Arbeit helfen könnte.

„Ich sage überdies, daß Sie einen großen, einen sehr großen Fehler begehen, wenn Sie glauben, die Psychologie, als die Wissenschaft von den Gesetzen des Geistes, sei etwas, von dem Sie festgelegte Programme und Schemata und Unterweisungsmethoden für den unmittelbaren Gebrauch im Klassenzimmer ableiten könnten. Die Psychologie ist eine Wissenschaft, und das Lehren ist eine Kunst, und Wissenschaften erschaffen niemals unmittelbar aus sich selbst eine Kunst. Ein erfinderischer Geist muß dazwischentreten und durch den Einsatz seiner Originalität die Anwendung bewerkstelligen."

Die Anzahl der Forschungsunternehmungen und der Veröffentlichungen hat seit damals ungeheuer zugenommen, aber die Lehrer sind nicht gerade mit Erkenntnissen überschüttet worden, die sie verwenden können. Sie stehen noch fast genauso da wie damals — sie sind auf sich selbst gestellt. Die hier angebotenen Anmerkungen sollen nicht dem Lehrer zeigen, wie er lehren soll; sie sollen ihn vielmehr auf einige gruppenrelevante Eigenschaften seiner Arbeit aufmerksam machen. Wenn wir sein Augenmerk auf Gruppenprozesse beim Lehren und Lernen lenken, wird der Lehrer es vielleicht nützlich finden, einige Grundprobleme, denen er sich täglich gegenübersieht, erneut zu überdenken.

Leider halten viele Leute die Gruppendynamik für eine Sammlung von Techniken und Methoden. Wie schon früher erwähnt, ist Gruppendynamik das Studium von Verhaltensweisen in Gruppen. Man kann aufrührerische Massen studieren oder Gottesdienste, ein Team von Wissenschaftlern oder einen Lehrer, der eine Klasse leitet. Die Gruppendynamik lehrt uns nicht, was eine Gruppe tun sollte oder nicht. Sie befürwortet nicht, daß man etwas in Gruppen tun solle, noch bedeutet Gruppendynamik Liebenswürdigkeit und Harmonie im Gruppenverhalten.

Ein Kollege sagte einmal zum Autor dieser Schrift, er sei gegen Gruppendynamik, weil ihm persönlich die Arbeit in Ausschüssen zuwider sei. Er hätte ebensogut sagen können, er habe etwas gegen Biologie, weil er rohes grünes Gemüse nicht möge.

Hier sind einige Fragen, die ein Lehrer stellen kann, weil sie mit seiner Arbeit und mit Gruppenprozessen zu tun haben:

a) Wie kann ich meine Schüler veranlassen, mehr zu arbeiten und mehr zu lernen? Ist Gruppenmotivierung ein Teil meiner Arbeit?
b) Wie steht es mit der Disziplin? Haben disziplinarische Aktionen mit dem Gruppenverhalten zu tun?
c) Wie kann ich mit meiner Klasse effektiver in Kommunikation treten?
d) In welchem Ausmaß sollten meine Schüler bestimmen, was gelernt werden soll und wie sie beurteilt werden sollen?
e) In welchem Maß folge ich einem vorher festgelegten Plan für meinen Unterricht? Wieweit lasse ich Veränderungen in meinem Gesamtplan und in meinem Tagesplan zu?
f) Ist die „Klassenmoral" meine Sache? Oder regelt sie sich von selbst, solange ich mich nur auf mein Lehren beschränke?
g) Was für eine Beziehung besteht zwischen der Art, wie ich mit meinen Vorgesetzten in der Schule auskomme, und meiner Arbeit in der Klasse? Die gleiche Frage kann ich mir im Zusammenhang mit meinen Kollegen stellen.
h) Sollte der Lehrer an der Festsetzung der Politik der Schule beteiligt sein? Oder ist dies nicht die Aufgabe des Lehrers?
i) Wie ist es mit dem Lehrplan? Ist er Sache des Lehrers, und wenn ja, was macht man, um Einfluß auf eine Veränderung des Lehrplans zu gewinnen?
j) Ist es eine Hilfe, wenn man sich selbst in der Klasse als den Führer betrachtet? Welche Art von Führer sollte ein Lehrer sein? Wie kann ich herausbekommen, was für ein Führer ich bin?
k) Wie ist es mit den Eltern? Wie kann ich lernen, effektiver mit ihnen zusammenzuarbeiten?
l) Wie steht es mit meinen eigenen Fortschritten auf meinem Spezialgebiet? Sind meine eigenen Studien und meine intellektuelle Entwicklung eine persönliche Angelegenheit, oder sind sie auch eine Funktion von Gruppenprozessen in der Schule?
m) Sollte ein Lehrer außerhalb der Schule besondere Pflichten übernehmen? Wer entscheidet über die Rolle des Lehrers in der Gemeinde?
n) Ist es möglich, mein Geschick in der Arbeit mit Gruppen zu verbessern, ohne zum Manipulator von Menschen zu werden? Wie steht es mit der Ethik in der Gruppendynamik?

Einige von diesen Fragen sind Jahrhunderte alt und auch heute noch nicht zu beantworten. Andere gehen über den Rahmen dieser Abhandlung hinaus. Aber alle stehen in irgendeiner Beziehung zum Lehrer und zur Gruppe, und die folgende Erörterung versucht, ein Schlaglicht auf diese Beziehung zu werfen.

Der Lehrer ist beides, ein Teilnehmer in seiner Klasse und ein Beobachter. Er muß erklären, Informationen geben, Fragen stellen, herausfordern, zuhören, denken, individuelle Unterschiede und Gruppenunterschiede erkennen, anregen, unterstützen und inspirieren und noch vieles andere mehr. Und er hofft, nach einem Gesamtplan vorzugehen, so daß seine Arbeit mit seinen Schülern an das anknüpft, was vorher geschehen ist, ebenso an das, was folgt.

Außerdem muß er die Bedürfnisse und Forderungen seiner Vorgesetzten in der Schule, seines Direktors und seiner Kollegen erkennen, ganz zu schweigen von den Eltern und ihren Fragen, Problemen und Forderungen. Aber vielleicht am wichtigsten ist, daß der Lehrer sich selbst kennt und wahrnimmt, seine Stärken und Schwächen, seine eigenen Bedürfnisse und seine blinden Flecke.

Das alles ergibt zusammen einen riesigen Katalog. Und auf allen Seiten finden wir Menschen, die darauf brennen, den Lehrer zu kritisieren und auf seine Mängel hinzuweisen. Aber was kann man ihm anbieten, um ihm zu helfen? Oder spezifischer: Warum soll man seine Last vermehren, indem man auf die Gruppendynamik aufmerksam macht? Wenn, wie James erklärte, das Lehren eine Kunst ist, was sollte der Lehrer über Gruppen wissen, um seine Kunstfertigkeit zu steigern?

Man kann eine Gruppe als ein sich entwickelndes System ansehen, das seine eigene Struktur und Organisation und seine eigenen Normen hat. Die Klassen mögen aus der Entfernung oder auf dem Papier gleich aussehen — aber in Wirklichkeit ist jede Klasse so einzigartig wie ein Fingerabdruck. Jede Klasse entwickelt ihre eigenen inneren Verfahrensweisen, ihr eigenes Interaktionsmuster und ihre eigenen Grenzen. Es ist, als ob imaginäre Richtlinien das Verhalten in der Gruppe lenkten und beherrschten. Trotz der täglichen Variationen gibt es in jeder Klasse eine gewisse Konstanz, die von ihrer individuellen Geschichte herrührt.

Der Lehrer mag in der Lage sein, Eigenschaften wie z. B. Interdependenz zu erkennen, die die Arbeitsmethoden der Schüler charakterisieren. Und er wird vielleicht Mutmaßungen anstellen, was er denn tue, um es der Gruppe zu ermöglichen, selbständiger und stärker interdependent zu werden. Man kann die Ziele der Gruppe auch unter dem Blickwinkel betrachten, wie man bei den Schülern Individualität fördern soll, während man ihnen zugleich den Wert der Rücksicht auf andere beibringt. Schüler können das nicht lernen, indem sie nur Bücher lesen oder Vorträge hören. Dieses Wissen entsteht durch die Zusammenarbeit mit anderen als Ergänzung zum Alleinarbeiten. Natürlich besteht das Fundament dessen, was der Schüler ist, in dem, was er vom Säuglingsalter an in seiner eigenen Familie lernt. *Weil jede Familie wirklich eine eigene Gruppe mit ihren besonderen Eigenschaften ist, bringt das Kind bestimmte Erwartungen in seine Klassengruppe mit.*

Hauptsächlich ist hier zu betonen, daß das Gruppenleben schon an sich eine wichtige Realität ist, daß die wissenschaftlichen Erkenntnisse in bezug auf die Prinzipien der Gruppenprozesse zunehmen, und schließlich, daß es dem Lehrer möglich ist, durch besondere Arten von Erfahrung in der Arbeit mit Gruppen leistungsfähiger zu werden.

Es könnte für den Lehrer von beträchtlichem Wert sein, mehr über sein eigenes Verhalten in Gruppen zu wissen. Es ist natürlich möglich, dies durch Erfahrung zu lernen. Oder der Lehrer kann an Gruppenlaboratorien oder Seminaren teilnehmen, die besonders darauf abgestellt sind, ihm zu helfen, sich seiner charakteristischen Interaktionen bewußter zu werden. Wir fassen hier einige Gründe zusammen, warum man in Laboratorien etwas über Gruppen lernen sollte:

a) Man sollte sich die Zeit nehmen, die Faktoren zu erforschen, die die Motivationen des Lehrers beim Lernen und Lehren beeinflussen. In einer Gruppe, die den einzelnen gewähren läßt, wird es möglich, tiefere Motive zu klären. Wenn er erfährt, daß er die Neigung hat, seine Motive zu beschönigen, kann der Lehrer möglicherweise das gleiche Problem bei seinen Schülern besser einschätzen.

b) Man sollte die Entwicklung und Macht der Gruppennormen erkennen. Wenn er wirklich die Entwicklung einer Gruppennorm und ihre Macht, das Individuum zu lenken oder zu hemmen, erlebt hat, kann der Lehrer die Bedeutung dieser Normen in Schülergruppen besser von innen her begreifen. Der Druck in Richtung auf Konformität und die Feindseligkeit jenen gegenüber, die Gruppennormen verletzen, haben einen bedeutsamen Einfluß auf das Lernen in der Klasse.

c) Man kann etwas über soziale und persönliche Behinderungen der Lernfähigkeit erfahren. Gruppen können mit einem sensiblen oder untypischen Schüler grausam oder milde verfahren. Um etwas über diese vorherrschende Atmosphäre zu erfahren, ist es für den Lehrer nützlich, derartige Erfahrungen noch einmal zu erleben, aber diesmal in einer Gruppe, wo sie identifiziert, geklärt und verstanden werden können.

d) Man muß unterscheiden zwischen der oberflächlichen Erscheinung von Gruppen und dem verborgenen Leben der Gruppe, das oft gar nicht zutage tritt, aber dennoch höchst wichtig ist. Mit anderen Worten, es kann den Anschein haben, eine Gruppe arbeite sehr gut, ordentlich, ruhig und tue, was man von ihr erwartet. Nur geschieht in Wirklichkeit gar nichts, nichts ändert sich, nichts wird gelernt. Eine gesunde Gruppe, eine Klasse, in der die Schüler arbeiten und lernen, sieht möglicherweise für einen Außenseiter nicht immer produktiv aus.

e) Man sollte mehr über den Wert der Selbstbestimmung in Gruppen lernen. Wenn eine Klasse lernt, sich selbst zu lenken und mehr Verantwortung auf sich zu nehmen, lernen die Schüler stärker aus innerer Motivation heraus (7). Der Schüler tut mehr, um für sich selbst zu lernen und Wissen zu erwerben, und er lernt zugleich, mit anderen zusammenzuarbeiten.

f) Man kann klarer erkennen, welche Vielfalt von Führungsfunktionen es gibt. Der Lehrer sollte, als eine besondere Art von Führer, mehr von den verschiedenen Arten des Führungsverhaltens verstehen, z. B. von zentralisierten oder verteilten Funktionen, formeller und informeller Führung, dem Auftauchen von Schüler-Führern und der Entstehung von Führungsfunktionen in Untergruppen sowie von der Wirkung dieser Verhaltensmuster auf die Arbeit des Lehrers.

g) Man sollte die Macht des Lehrers als Führer erkennen, so daß seine Handhabung von Belohnungen und Strafen mit den Lernzielen übereinstimmt. Zugleich muß der Lehrer etwas lernen über die Macht der Gruppe, ihre eigenen Mitglieder zu belohnen und zu bestrafen, sowie über ihre Fähigkeit, den Lehrer zu beeinflussen.

h) Man kann etwas lernen über die Entfaltung von Status und Rollen innerhalb einer Klassengruppe. Die Grundlage für den Status können Schulnoten und Intelligenz sein, aber auch soziale Künste, körperliche Tüchtigkeit, die Fähigkeit, der Autorität zu trotzen (37), und andere emotionale Fähigkeiten können den Status bedingen, wenn sie auch wenig direkten Bezug zum Erlernen des schulischen Lernstoffs haben.

Wir setzen voraus, daß der Lehrer gut informiert ist, besonders auf seinem Spezialgebiet. Sein Wissen und seine Fähigkeit, ständig neues Wissen zu erwerben, sind eine Grundlage für seine Arbeit. Aber weniger gut weiß man Bescheid über die subtileren Fähigkeiten, die notwendig sind, um mit einer Klasse von zwanzig, dreißig oder vierzig jungen Leuten zu arbeiten, und man weiß sie auch weniger gut zu schätzen.

Wenn er allein vor der Klasse steht, hat der Lehrer außer dem, was er weiß, was er beobachtet und versteht, was er spürt und fühlt, wenig, was ihn leiten könnte. Seine Vorgesetzten, seine Kollegen, die Eltern und die Gemeinde schauen ihm über die Schulter. Er muß empfindlich sein für alles, was vor sich geht, während er arbeitet, gleichsam wie ein Künstler, während er sich seinen Lern- und Lehrzielen nähert. Die Regeln und Pläne der Schule können ihm ganz weit entfernt und abstrakt erscheinen: Hier sind die Schüler, die in einem gegebenen Augenblick entweder intensiv, mit starker Neugier, oder aber apathisch reagieren. Der Lehrer muß lernen, seinen eigenen Sinnen, seinen eigenen Beobachtungen zu vertrauen. Er muß sowohl die Realitäten des Gruppenlebens erkennen als auch die Komplexität jeder einzelnen Persönlichkeit. Wenn er seine eigene Wirkung auf andere gut kennt, kann er darauf hinarbeiten, die Klasse in eine wünschenswertere Richtung zu lenken. Wenn er seinen eigenen Motiven und seinem eigenen Verhalten gegenüber blind ist, wird er vielleicht hart arbeiten und doch seine eigenen Ziele zunichte machen.

Das bedeutet in der Tat, daß man den Lehrer auffordert: „Erkenne dich selbst", daß man den alten Appell an ihn richtet, der so weithin bekannt ist und noch weitgehender überhört wird. Denn mehr über sich selbst in der Beziehung zu anderen zu erfahren, ist nicht nur schwierig und zeitraubend, es erweckt oft auch ungeahnte Ängste. Ohne diese Selbsterkenntnis werden oft Lehrern und Schülern starre autoritäre Methoden auferlegt. Und andererseits kommen ebenso offenkundige Fehler vor, wenn wohlmeinende, aber schlecht informierte Lehrer alle Vorschriften aufheben und wenn in der Klasse ein irregeleitetes Gewährenlassen Platz greift. Dies ist an einer die ganze Klasse durchdringenden Atmosphäre der Gleichgültigkeit zu erkennen; es wird sehr wenig gelernt, und die Schüler fangen leicht an, sich zu langweilen oder nur Unsinn zu machen.

Wie der Künstler, der häufig zurücktritt, um sein entstehendes Werk deutlicher wahrzunehmen, braucht der Lehrer die offene und effektive Kommunikation mit seiner Klasse, damit er deutlicher erkennen kann, was vor sich geht. Er muß haltmachen, beobachten und zuhören. Wenn die Atmosphäre frei genug ist, wird er ein adäquates Bild von dem bekommen, was vor sich geht, ebenso von dem, was getan werden muß. Wenn der Lehrer einige der negativen Gefühle akzeptieren kann, die in ihm selbst aufsteigen, wird er vielleicht besser fähig, die Schüler so zu akzeptieren, wie sie sind. Und er wird vielleicht besser in der Lage sein, Gruppen-Feindseligkeit und Angst in der Klasse zu ertragen und mit ihr fertigzuwerden. Denn diese Gefühle entwickeln sich mit Sicherheit, während die Schüler mit ihren verschiedenen Voraussetzungen und Erwartungen lernen, zusammenzuarbeiten.

Wenn es dem Lehrer gelingt, in bezug auf seine eigenen Fähigkeiten und Grenzen bewußter und offener zu sein, kann er dazu beitragen, in seinen Schülern mehr Vertrauen wachzurufen. Er wird es weniger nötig haben, sich hinter seinem offiziellen Status zu verstecken. Er, der Lehrer, wird möglicherweise aufgeschlossener sein für neue Ideen und neue Informationen von seinen Schülern wie auch von anderen. Wenn er auf die falschen Vorrechte seines Status verzichtet, wird er freier sein, sich auf den Lehrstoff und auf den Lernprozeß zu konzentrieren. Die Schüler, die diese authentischere Atmosphäre spüren, reagieren möglicherweise mit mehr Neugier und mehr Bemühung in ihrer Arbeit. Die Ergebnisse werden vielleicht nicht so wohlgeordnet und einförmig sein, wie es manche Kritiker gern hätten, aber die neue Atmosphäre wird die Leistungen der einzelnen und der Klasse insgesamt fördern. Indem die Klasse selbst die Abhängigkeitsbedürfnisse der Schüler akzeptiert und jeden zum Mitmachen und zum Einsatz ermutigt, kann sie besser fähig werden, sich selbst zu lenken und selbständiger zu arbeiten. Das setzt voraus, daß der Lehrer bereit ist, mit jedem Zusammenschluß von Schülern als einer einzigartigen Gruppe zu arbeiten. Wenn man so tut, als erlaube man Gruppenteilnahme und Gruppenentscheidung, dabei aber subtil alle Fäden in der Hand behält, ist das einfach Manipulation. Wenn ein Lehrer seinen Schülern nicht so weit vertrauen kann oder will, daß er ihnen in der Arbeit in der Klasse oder bei Entscheidungen in der Klasse wirklich ein Mitspracherecht einräumt, könnte er dies wenigstens offen und ehrlich zugeben.

Über Gruppen und Methoden

Bisher haben wir noch nichts über Gruppenmethoden und -techniken gesagt. Lehrer wollen häufig genau wissen, was sie unter bestimmten Umständen tun sollen. Hier muß man vor allem darauf hinweisen, daß das Erlernen von „Methoden“ der Arbeit mit Gruppen ziemlich wirkungslos oder schlimmer sein kann, wenn die Methode nicht auf Verstehen gegründet ist.

Auch Eltern stellen Fragen von der Art: „Was soll ich tun, wenn ...“. Es ist schwierig ihnen klarzumachen, daß eine spezifische Situation viel komplizierter sein kann als sie zu sein scheint — sie kann auch in Wirklichkeit ganz anders sein als die Eltern sie wahrnehmen.

Lehrer wollen z. B. vielleicht wissen, was sie tun sollen, wenn Unruhe oder Apathie unter den Schülern ausgebrochen zu sein scheint. Es ist einfach nicht möglich, eine Anweisung zu geben, was man tun sollte, ohne daß man weiß, was in der Klasse diese Gefühle hervorgerufen und verbreitet hat. Aber die Lehrer können lernen, das herauszubekommen. Sie könnten nachfragen und beobachten und auf das achten, was geschieht. Sie könnten ihre Bereitschaft zum Ausdruck bringen, sich klarer zu werden über das, was vor sich geht — ohne allzu kritisch zu urteilen. Es gibt viele verschiedene Methoden, um Spannung herabzusetzen und Konflikte zu lösen, und der Lehrer kann lernen zu erspüren, was für eine Methode für ihn unter den gegebenen Umständen geeignet ist. Der eine Lehrer kann z. B. die Gruppenatmosphäre dadurch ändern, daß er die Klasse fragt, was los ist, was für Gefühle die Schüler haben, so daß alle sich den vorhandenen Reaktionen offener stellen können. Der Rechen- oder Leseunterricht kann vorübergehend unterbrochen werden, damit die Schüler sich aussprechen und dadurch an der Erfüllung oder Lösung emotionaler Bedürfnisse arbeiten können.

Ein anderer Lehrer könnte gleichwertige Ergebnisse dadurch erreichen, daß er vorschlägt, die Schüler sollten in kleineren Gruppen arbeiten, so daß sie informeller arbeiten und reden können. Die Kinder lösen häufig die Probleme ihrer eigenen interpersonalen Beziehungen selbst, und man kann sie noch mehr dazu ermutigen. Natürlich mag es notwendig sein, daß der Lehrer Grenzen setzt, aber diese sollten weit und realistisch gehalten sein.

Der Umstand, daß ein Lehrer die Klasse als Arbeitsgruppe ansieht, wird möglicherweise die Art beeinflussen, wie er das Klassenzimmer wahrnimmt. Die Stühle, die Tische und die Fußbodenfläche sollten den besonderen Arbeitsbedürfnissen dienen. Manchmal wird die Arbeit es erfordern, daß die Schüler miteinander diskutieren und planen. Wenn sie einander sehen und fähig sein sollen, als Gruppe miteinander zu reden und zu arbeiten, müssen Stühle und Tische eventuell im Kreis oder im Rechteck aufgestellt werden. Für kleinere Arbeitsgruppen kann man Tische im Raum verteilen; manchmal wird die Arbeit eine Anordnung erfordern, bei der nur Stühle und keine Tische aufgestellt werden, usw. Kurzum, sobald der Lehrer sich von der konventionellen Lehrer-zentrierten Einstellung zur Arbeit in der Klasse befreit hat, fallen ihm möglicherweise viele verschiedene Arten des Lehrens ein sowie verschiedene Abwandlungsmöglichkeiten der physikalischen Gegebenheiten, um den Prozeß des Lehrens und Lernens zu erleichtern.

Oft wird ein Lehrer auf eine Veränderung in der Atmosphäre der Gruppe intuitiv reagieren, und das ist gut so. Wenn aber diese Intuition nicht funktioniert, kann der Lehrer herausbekommen, warum? Wie kann der Lehrer, anders ausgedrückt, seine Intuition verbessern?

Lehrer lernen sehr viel, wenn sie ihre Erfahrungen in der Klasse mit anderen diskutieren. Leider glauben manche Lehrer aus Furcht vor Gegenreaktionen, es sei unklug und unvorsichtig, freimütig über ihre Arbeit zu reden. Infolgedessen erlegen sie ihren Klassenproblemen und -erfahrungen eine stillschweigende Zensur auf. Lehrer müssen die Möglichkeit haben, diese Dinge frei und offen mit Personen zu besprechen, die Sachverstand haben und ihren Problemen aufgeschlossen gegenüberstehen.

Es wäre gut, wenn jeder Lehrer Zugang zu nicht-wertenden Fachleuten hätte, die zuhören, klären und anleiten können. Aber da solche Möglichkeiten gewöhnlich nicht vorhanden sind, ist die nächstbeste Möglichkeit die Erörterung dieser Fragen mit Kollegen. Freie Diskussionen mit Kollegen und Vorgesetzten erfordern eine Atmosphäre des gegenseitigen Vertrauens, in der ein Lehrer Schwächen, Irrtümer oder Ängste ohne Furcht vor einem negativen Urteil zugeben kann. Es wäre sogar noch wirkungsvoller, wenn die Lehrer gelegentlich in den Klassen ihrer Kollegen hospitieren und dabei beobachten könnten, wie andere Probleme und Methoden handhaben. Danach könnten sich der Lehrer und sein Beobachter zusammensetzen, um zu erörtern, wie jeder das Geschehen in der Klasse erlebt hat.

Wahrscheinlich ist die Anzahl der Möglichkeiten, wie Lehrer ihre Lehrfähigkeit verbessern können, unbegrenzt. Es wäre naiv, wollte man die Komplexität der mit großen Organisationen (wie es Schulen heute sind) verbundenen Probleme unterschätzen. Was wir hier betonen, ist die Realität des Gruppenlebens, der Einfluß der Gruppenprozesse auf Lehrer und Schüler und einige einführende Gedanken, was man tun könnte, um sich mehr Klarheit über das Erlebnis des Lehrens und Lernens zu verschaffen. Wir machen aufmerksam auf die Wichtigkeit der Atmosphäre in der Klasse und der zugrunde liegenden Variablen, die die Motivationen der Gruppe und des einzelnen beeinflussen.

Lernmotivation kann man ansehen als eine Funktion der Bedürfnisse des einzelnen Kindes und der Bedürfnisse der Gruppe. Ein Schüler kann das Bedürfnis haben, die Welt um sich her und die Welt der Ideen zu verstehen, also intellektuelle Bedürfnisse. Er hat aber auch soziale oder Gruppenbedürfnisse, das Bedürfnis nach Zugehörigkeit, das Bedürfnis, von seinen Altersgenossen akzeptiert zu werden, verstanden zu werden, sich auszudrücken, und das Bedürfnis nach Achtung und Status. Er hat emotionale Bedürfnisse, die auch sein Lernen beeinflussen: sein Bedürfnis nach Liebe, sein Bedürfnis, abhängig zu sein, genährt zu werden, aggressiv zu sein, allein zu sein, kreativ zu sein, geborgen zu sein, sein Bedürfnis, Risiken einzugehen und zu forschen, sein Bedürfnis, sich zu verändern und zu wachsen — und noch andere Grundbedürfnisse. Wenn auch natürlich weder die Schule noch der Lehrer alle diese Bedürfnisse befriedigen können, existieren sie nun einmal und haben einen gewissen Einfluß auf das Verhalten in der Klasse und aufs Lernen.

Eine Klasse als Gruppe hat möglicherweise das Bedürfnis, mit dem Lehrer zusammen Ziele zu setzen und eine Struktur zu errichten, ihre eigenen Verhaltensnormen zu entwickeln, ebenso ihre Kommunikationsbahnen und Kommunikationsmittel. Eine Gruppe kann das Bedürfnis haben, Spannung aufzubauen oder abzubauen; das hängt mit der Motivationsstärke zusammen. Eine Gruppe kann das Bedürfnis haben, die Grenzen auszuprobieren, die ihrem Verhalten gesetzt sind, ebenso wird sie möglicherweise ihre Lehrer und ihre Führer auf die Probe stellen wollen, bevor sie ihnen vertraut. Eine Klasse als Gruppe mag es nötig haben, ihre eigenen Fehler zu machen und sowohl durch eigene Erfahrung zu lernen als auch durch die Erfahrung ihrer Lehrer und durch die in Büchern aufgezeichneten Erfahrungen anderer.

Lewin, Rogers und andere haben betont, Lernen erfordere eine Veränderung der Wahrnehmung. Wenn man sich stark auf Strafen stützt, um den Schüler zu motivieren, wird der Bereich, in dem er etwas lernt, möglicherweise beschränkt sein, aber diese Methode stellt nicht sicher, daß er neues Wissen oder neue Einsicht erwirbt. Wenn man den Bemühungen des Schülers mit freundlichem Interesse begegnet, so daß er es befriedigend findet, kleine Veränderungen in seiner eigenen geistigen Wahrnehmung zu erwägen, wird er vielleicht Fortschritte in Richtung auf eine Überprüfung und Umstrukturierung des ganzen Zusammenhangs machen, um den es gerade geht. Kurzum, der Schüler erwirbt neue Einsichten, d. h., er lernt. Er entwickelt eigene Fragen, die ihm zum Anlaß für neue Untersuchungen werden. Von innen her wirkende Motive, Lernen, weil er wissen will, treten an die Stelle von außen herangetragener Motive.

Wenn eine Gruppe von Schülern solche Normen entwickelt, daß neue Einsichten und neue Fragen zu Bestandteilen der eigenen Gruppenziele und -absichten werden, dann wird der Lernprozeß für den einzelnen Lernenden erheblich verstärkt. Wie Lewins Werk gezeigt hat, kann eine Gruppeneinstellung zu Veränderungen oft neues Lernen der Gruppenmitglieder stärker unterstützen als isolierte Einzelbemühungen es können.

Die Aufgabe des Lehrers besteht darin, eine Atmosphäre zu entwikkeln, die zu neuen Gruppeneinsichten führt. Vom Lehrer entworfene Methoden und Techniken, um die Teilnahme der Schüler an der Unterrichtsarbeit zu fördern, werden die Aufnahmebereitschaft des Lernenden für neue Ideen und Einstellungen erhöhen. Da letzten Endes neues Wissen absorbiert und mit dem integriert werden muß, was der Schüler schon erkennt und versteht, kann er dies besser tun, indem er mit seinen Altersgenossen und mit seinem Lehrer zusammenarbeitet, so daß seine Fragen und Angaben in die Arbeit der Klasse integriert werden. Der Schüler wird sich nicht nur selbst als Teil der Klasse fühlen und nicht als passiver Beobachter, sondern trägt auch zu ihren Zielen und Verfahrensweisen bei.

Es gibt zwar eine gemeinsame Grundlage von Wissen und Ideen, aber die Schüler lernen verschieden, je nach ihren Fähigkeiten, ihren Bedürfnissen und ihrer Erfahrung. Jedes Kind hat ein Bezugssystem und ein

Wissensgebäude, das es mit anderen teilt, ebenso aber auch seinen einzigartigen Wissenszusammenhang und seine einzigartige Lernleistung.

Wenn der Lehrer das Phänomen der Gruppenkohäsion wahrnimmt, wird er wissen, wie wichtig es ist, das Bedürfnis des Schülers, akzeptiert zu werden und sich zugehörig zu fühlen, zu befriedigen. Zur gleichen Zeit wird er den Druck wachsam beobachten, der auf den Schüler ausgeübt wird, damit er sich dem herrschenden Gruppenkodex entsprechend verhält. Wenn bei der Entwicklung von Gruppennormen die Stimmen von Minderheiten nicht zugelassen werden, hat die Klasse ihr Potential für neue Veränderungen und neue Ideen verloren; daraus könnte eine starre Einförmigkeit entstehen. Sehr geringfügige Vorfälle zu Beginn der Existenz der Gruppe können dazu dienen, anzuzeigen, ob es ungefährlich und akzeptabel ist, originelle oder von der Norm abweichende Ideen auszudrücken. Der Lehrer wird diese Vorkommnisse intuitiv erfassen, wenn er weiß, wie Gruppen sich entwickeln und wie Gruppenmaßstäbe und Gruppenatmosphären sich bilden.

Ein Wort über die Schule als Ganzes

Die Schule selbst ist natürlich eine Großorganisation. Da sie auch eine Gruppe von Menschen ist, gibt es auch hier wieder die Interaktionen und Strukturen, die einen wichtigen Einfluß auf den einzelnen Lehrer und den einzelnen Schüler haben. Eine bewußtere Wahrnehmung der Gruppenprozesse in einer ganzen Schule kann dem einzelnen Lehrer helfen zu verstehen, was vor sich geht. Er kann die Fluktuationen der Stimmungen von Lehrern und Schülern in Beziehung setzen zu den verschiedenen gruppenrelevanten Verhaltensweisen von Personen und Untergruppen im Gesamtmilieu der Schule.

Indem er, falls nötig, auf die Klarstellung von Prozessen hinarbeitet, kann der Lehrer in der Lage sein, die Schule als Ganzes zu beeinflussen, mindestens in dem Maß, daß er in seiner Arbeit Folgen seiner Initiative spürt. Zynismus im Lehrkörper z. B. wird möglicherweise besser in seinem Bezug zu irgendeinem Machtmißbrauch gesehen als in seinem Bezug zum Charakterfehler eines Individuums. Klare Vorstellungen über die Gruppen-Interaktionen in einer Schule können der Tendenz entgegenwirken, Schwierigkeiten bei der Arbeit auf Persönlichkeitsschwächen zu schieben. Leider scheint die Suche nach dem „Charakterfehler" in den Schulen — wie in allzu vielen großen Organisationen — ein ziemlich weit verbreiteter Brauch zu sein.

Die Effektivität eines Lehrers hängt in erheblichem Maß von seinen

Beziehungen zu seinen Kollegen und zu seinen Vorgesetzten ab. Genau wie seine Schüler in der Klasse kleinliche Abwehrhaltungen und Günstlingswirtschaft erkennen können, so können die Lehrer selbst auch Autoritätsmißbräuche ihrer Vorgesetzten rasch empfinden. Aber die Vorgesetzten sind auch von den Lehrern abhängig. Das feine Gefühl eines Lehrers für die Bedürfnisse der formellen Autoritäten kann den Vorgesetzten dazu verhelfen, sich von den Mitarbeitern stärker akzeptiert zu fühlen. Ein Lehrer kann dem Schuldirektor helfen, sich über die Gruppenprozesse in der Schule klarer zu werden. Und es würde jedermann helfen, wenn alle über diese Dinge diskutieren könnten, ohne Werturteile zu fällen.

Wenn auch die spezifischen Inhalte andere sind, sind die Ziele der größeren Gruppe in der Schule denen in der Klasse ähnlich: größere Selbständigkeit und Interdependenz unter den Lehrern, zwischen Schuldirektor und Lehrern aufgeteilte Führungsfunktionen (7), wo immer dies angezeigt erscheint; Klarstellung der Rolle und der Pflichten des Direktors, Verbesserung der Kommunikation zwischen Schulverwaltung und Lehrern, Einsatz der Macht des Direktors auf faire und realistische Weise, Förderung der Individualität und der Kreativität der Lehrer im Rahmen der weitgefaßten Zielvorstellungen der Schule. Die Beziehungen zwischen Schule und Gemeinde lassen sich durch Zusammenarbeit der Lehrer stark beeinflussen, so daß die Lehrer in ihren Bemühungen unterstützt und vor unnötigen Störungen ihrer Arbeit geschützt werden. Dies sind nur einige wenige der Aufgaben und Ziele von Gruppenbeziehungen in einer Schule.

Literaturangaben

1. Asch, S. E.: Social psychology. New York 1952.
2. Alexander, F. und French, M. T.: Psychoanalytic therapy. New York 1946.
3. Back, K.: Influence through social communication. In: Journal of Abnormal and Social Psychology, 46, 1951, pp. 9—23.
4. Bales, R. F.: Interaction process analysis. Cambridge, Mass. 1950.
5. Bavelas, A.: Some problems of organizational change. In: Journal of Social Issues, IV, No. 3, 1948, pp. 48—52.
6. Baritz, L.: The servants of power, a history of the use of social science in american industry. Wesleyan University Press, 1960.
7. Benne, K. D. und Muntyan, B.: Human relations in curriculum change. New York 1951.
8. Benne, K. D. und Sheats, P.: Functional roles of group members. In: Journal of Social Issues, IV, No. 2, 1948, pp. 41—49.
9. Bion, W. R.: Erfahrungen in Gruppen und andere Schriften. Stuttgart 1971.
10. Bovard, E. W. Jr.: The psychology of classroom interaction. In: Journal of Educational Research, 45, 1951, pp. 215—224.
11. Cattell, R. B.: New concepts of measuring leadership. In: Group Dynamics. D. Cartwright und A. Zander (eds.) Evanston, Ill., 1956.
12. Cartwright, D.: Emotional dimensions of group life. In: International Symposium on Feelings and Emotions. M. L. Reymert (ed.), New York 1950.
13. Cartwright, D. und Zander, A. (eds.): Group dynamics, research and theory. 2nd ed. Evanston, Ill. 1960.
14. Coch, L. und French, J. R. P. Jr.: Overcoming resistance to change. In: Human Relations, I, 1948, pp. 512—532.
15. Coffey, H. S.: Socio and psyche group process, integrative concepts. In: Journal of Social Issues, VIII, 1952, pp. 65—74.
16. Cooley, C. H.: Human nature and the social order. New York 1902.
17. Crutchfield, R. S.: Conformity and character. In: American Psychologist, X, 1955, pp. 191—198.
18. Crutchfield, R. S.: Social psychology and group processes. In: Annual Review of Psychology, V, 1954, p. 171.
19. Festinger, L.; Schachter, S. and Back, K.: Social pressure in informal groups. New York 1950.
20. Freud, S.: Gesammelte Werke (18 Bde.) Frankfurt/M. 1952—1968.
21. Freud, S.: Massenpsychologie und Ich-Analyse. Gesammelte Werke, Bd. XIII.
22. Hearn, G.: The process of group development. A public lecture given at the University of Toronto under the sponsorship of the School of Graduate Studies and the School of Social Work, 7. 12. 1955.
23. Hemphill, J. K.: A proposed theory of leadership in small groups. Columbus: Ohio State University. Personnel Research Board, 1954.
24. James, W.: Talks to teachers on psychology (1899). Reissued New York 1946.
25. Jennings, H. H.: Leadership and isolation, 2nd ed. New York 1950.
26. Kelly, H. H. und Thibaut, J. W.: Handbook of social psychology. G. Lindzey (ed.), II. Cambridge, Mass., 1954.

27. Knowles, W. H.: Personnel management, a human relations approach. New York 1955.
28. Köhler, W.: Gestalt psychology. New York 1929.
29. Levine, J. und Butler, J.: Lecture vs. group decision in changing behavior. In: Journal of Applied Psychology, 36, 1952, pp. 29—33.
30. Lewin, K.: Die Lösung sozialer Konflikte. 3. Aufl. Bad Nauheim 1968.
31. Lewin, K: Science, power and education. In: Studies in topological and vector psychology, G. W. Lewin (ed.), III, 1944.
32. Lewin, K.: Feldtheorie in den Sozialwissenschaften. Bern 1963.
33. Lewin, K., Lippitt, R. und White, R. K.: Patterns of aggressive behavior in experimentally created social climates. In: Journal of Social Psychology, X, 1939, pp. 271—299.
34. Libo, L.: Measuring group cohesiveness. Ann Arbor: University of Michigan Press, 1953.
35. Lippitt, R.: An experimental study of the effect of democratic and authoritarian group atmospheres. University of Iowa Studies, XVI, No. 3.
36. Lippitt, R.: Current trends in social psychology. Pittsburgh: University of Pittsburgh Press, 1948.
37. Lippitt, R., Polansky, N. und Rosen, S.: The dynamics of power. In: Human Relations, V, 1952, pp. 37—64.
38. Luft, J. und Ingham, H.: The Johari window, a graphic model for interpersonal relations. Western Training Laboratory in Group Development, August 1955; University of California at Los Angeles, Extension Office. Vgl. auch: Human Relations Training News. Washington, D. C., National Education Association, V, No. 1, 1961.
39. Mayo, E.: Probleme industrieller Arbeitsbedingungen. Frankfurt/M. 1950.
40. McKeachie, W. J.: The instructor faces automation. In: Improving College and University Teaching, VIII, No. 3, 1960, pp. 91—95.
41. McKeachie, W. J.: Individual conformity to attitudes of classroom groups. In: Journal of Abnormal and Social Psychology. 49, 1954, pp. 282—289.
42. Moreno, J. L.: Psychodrama. New York 1946.
43. Rodgers, D.: The necessary and sufficient criteria of leadership. Unveröffentlichtes Manuskript.
44. Rogers, C.: Client centered therapy. Boston 1951.
45. Sanford, F. H.: Research on military leadership. In: Psychology in the world emergency. J. C. Flanagan (ed.) Pittsburgh: University of Pittsburgh Press, 1952, pp. 17—34.
46. Seeman, M.: Leadership in american education. Chicago: University of Chicago Press, 1950.
47. Sherif, M.: The psychology of social norms. New York 1936.
48. Sherif, M.: Consistency in intergroup relations. In: Journal of Social Issues, V, No. 3, 1949, pp. 32—37.
49. Stock, D. und Luft, J.: T. E. T. Design, a modification of a T-group experience. In: Training Design for Human Relations Laboratories. D. Bunker (ed.) Washington, D. C.: National Education Association, 1962.
50. Tannenbaum, R. und Schmidt, W. H.: How to choose a leadership pattern. In: Harvard Business Review, March—April 1958.
51. Thelen, H.: Dynamics of groups at work. Chicago: University of Chicago Press, 1954.
52. World Almanac, H. Hansen (ed.) New York: New York World-Telegram and Sun, 1960.